75 Jahre Kölner Eis-Klub e.V.

Die Mutter des Kölner Eissports

Hotel MADISON am Dom

Unser Hotel in zentraler Lage unweit des Hauptbahnhofs, des Doms und der Hohe Straße bietet Ihnen 40 große und freundliche Zimmer (WLAN kostenlos, Flachbild-TV) mit WC und Dusche / Badewanne sowie ein reichhaltiges Frühstücksbüffet...

Doppelzimmer schon ab 29 Euro p.P.

Hotel Madison am Dom, Ursulaplatz 10-12, 50668 Köln
Sie erreichen uns auch unter: Tel. 0221-132991 Fax 0221-125411

Willi Harn

75 Jahre Kölner Eis-Klub e.V.
Die Mutter des Kölner Eissports

SPORTVERLAG *Strauß*

Jürgen Roters
Oberbürgermeister der Stadt Köln

Sehr geehrte Leserinnen und Leser,

die Sportstadt Köln zeichnet eine ungeheure Angebotsvielfalt aus. Köln kann auf eine sportbegeisterte Bevölkerung, rund 800 Sportvereine sowie die Ausrichtung herausragender Sportevents verweisen. Und in kaum einer anderen Stadt gibt es eine vergleichbare Dichte sportnaher Institutionen und ein derart leidenschaftliches Publikum für große Sportereignisse, wie in der Domstadt.

Zur Vielzahl der Kölner Sportvereine gehört auch der Kölner Eis-Klub, der in diesem Jahr sein 75-jähriges Bestehen feiert. Zu diesem schönen Jubiläum gratuliere ich als sportbegeisterter Oberbürgermeister der Stadt Köln ganz herzlich und danke für all das ehrenamtliche Engagement, das hier für den Eissport und für den Zusammenhalt im Verein geleistet wurde.

Der KEK wurde 1936 gemeinsam mit der Eröffnung des Eisstadions an der Lentstraße gegründet. Damals gehörte auch Eishockey noch mit zum Angebot, der KEC „Die Haie" ging später aus diesem Verein hervor. Heute wird im KEK Eistanzen, Eiskunstlaufen und Eisschnell-Laufen betrieben. Seine größten sportlichen Erfolge feierte der Verein Mitte der 50er Jahre, als Gundi Busch 1954 in Oslo Weltmeisterin wurde.

Wie alle Sportvereine hat auch der KEK stets stark auf Kinder –und Jugendarbeit gesetzt, um junge Talente früh zu entdecken und gezielt zu fördern sowie dem Verein den Nachwuchs zu sichern. Hier lernen die jungen Sportlerinnen und Sportler Fairness, Kameradschaft und Respekt vor den Konkurrenten. Sie lernen dabei auch, nicht überheblich zu sein, da das Glück nicht immer nur auf einer Seite hängt.

Als Oberbürgermeister der Stadt Köln wünsche ich allen Mitgliedern weiterhin sportliche Erfolge und einen guten Zusammenhalt im Verein.

Ihr Jürgen Roters

Oberbürgermeister der Stadt Köln

Klaus Ulonska
Grußwort des Präsidenten des Kölner Eis-Klub e.V.

75 Jahre Kölner Eis Klub, 75 Jahre bewegte Geschichte

Der Kölner Eis Klub feiert Jubiläum und das in einem ganz besonderen Jahr, dass für diesen traditionsreichen Kölner Verein sicherlich einen Meilenstein darstellt.

1936 gegründet kann der Kölner Eis Klub auf eine bewegte Geschichte und eine Vielzahl von Erfolgen zurückblicken, die vor allem die Namen von Gundi Busch oder Gert-Walter Graebner tragen, wie die Geschwister Meding und den Eisschnelllaufbrüdern Rudi und Bernd Geuer. Aber Eishockey war neben Eiskunstlauf auch ein wichtiges Standbein des Vereins. Viele haben sicherlich schon vergessen, dass der KEK 1969 in die Bundesliga aufgestiegen ist und dort die Kölner Farben ein Jahr vertreten hat.

Autor Willi Harn dokumentiert mit diesem Werk die Geschichte eines der ältesten und renommiertesten Kölner Vereine, der nun im Begriff ist, ein neues Kapitel der Vereinsgeschichte aufzuschlagen.

Mit dem Umzug vom traditionsreichen „Eisstadion an der Lentstraße" in den modernen Lentpark beginnt auch für den Kölner Eis Klub eine neue Zeitrechnung.

Ich bin davon überzeugt, dass mit der neuen Heimstatt auch unsere Breitensportangebote im Eiskunstlaufen, Eistanzen, Eisschnelllaufen und auch Curling neue Attraktivität gewinnen.

So ist dieses Buch nur eine Momentaufnahme, der in einigen Jahren noch viele weitere spannende Kapitel hinzuzufügen sind.

Ich wünsche Ihnen viel Spaß beim Lesen und Verweilen in alten Erinnerungen.

Herzlichst Ihr Klaus Ulonska

Wolfgang Sorge
Präsident des Landeseissportverbandes NRW

75 Jahre Eissport in Köln:

Das dürfte kaum einer von uns erlebt haben, außer einem: dem Kölner Eis-Klub, KEK, dessen erste Satzung vom 29.09.1936 stammt!! Und – dies ist besonders erwähnenswert – es ist immer noch derselbe Verein und nicht der x-te Nachfolger!
Er hat von Anfang an den gesamten Eissport im Kölner Eisstadion organisiert, bis sich 1972 die Eishockey-Abteilung (KEC) abspaltete. Im Nachhinein dürfte man darüber aber nicht wirklich böse sein.
Immerhin hatte man mehrere Deutsche Meisterschaften im Eiskunstlaufen und schon 1955 eine Weltmeisterschaft im Eishockey feiern können.
Und man hatte neben Deutschen Meistern auch Europameister und sogar Weltmeister, nämlich Gundi Busch in den eigenen Reihen.
Jetzt – nach der langen Durststrecke des Stadionneubaus Lentpark – hat der KEK sein „Wohnzimmer" wieder.
Und wird sich wieder ganz auf den Sport konzentrieren.
Dazu alles Gute.

Wolfgang Sorge

Präsident
Landeseissportverband
Nordrhein-Westfalen

Maria Beckel vom KEK bei der symbolischen Schlüsselübergabe (Eröffnungsveranstaltung am 23. September).

5	**Jürgen Roters** Oberbürgermeister der Stadt Köln	56	**KEK-Puckjäger bis 1972 ein Auf und Ab**
7	**Klaus Ulonska** Präsident des Kölner Eis-Klub e.V.	64	**Werner Sayffaerth zum Trainerlehrgang nach Moskau**
9	**Wolfgang Sorge** Präsident des Landeseissportverbandes NRW	68	**Ein Zehnpfennig-Stück in Gold**
12	**Vorwort**	72	**KEK im Zeichen der Olympischen Ringe**
14	**Vereinsgründung am 29. September 1936** Karl Heimann-Kreuser, erster „Vereinsführer"	74	**Zwischen Pflicht und Kür wurde geflippert!** Deutscher Meister 1976: Gert-Walter Graebner
20	**Die Ära Vitger** Vom Ford-Manager zum Ehrenpräsidenten	78	**Aushängeschild** Eiskunstlauf-Weltmeisterin Gundi Busch
22	**Der Turm**	84	**Höchstes Eishockeyergebnis in Köln bei der WM 1955: 28:0**
26	**Die Eishalle**	92	**Sechs-Orgie 1973 bei Eiskunstlauf EM**
30	**Die ganze Familie Vollstedt war an der Lentstraße aktiv**	96	**Klubzeitung von 1960 bis 1963**
36	**Die Eiskunstlaufabteiung hatte Marktwert** - nicht nur wegen Anneliese Gerdom, Ursel Barkey und den Paaren Wolff/Weber und Braun/Minor	98	**Eishockeyspieler wollen 1972 die Trennung**
		100	**Neu im KEK**
		104	**Was bringt die Zukunft?**
		114	**Glückwünsche verdienter KEK-Mitglieder**
46	**Schnellläufer schrieben ein glanzvolles Kapitel**	118	**Vereins-ABC**
52	**Der KEK verdankt Karl-Friedrich Twelker viel**	127	**Impressum**

Die Geschwischter Klara und Felix Kellermann im Lentpark, wobei Felix im Bezirkskader steht.

Vorwort "

Als am 12. Dezember 1936 im Linde-Eisstadion der Kölner Bevölkerung erstmals Eiskunstkunstlauf und Eishockey präsentiert wurden, gab es den Kölner Eis Klub schon. Am 29. September wurde der KEK in den Büros der Deutschen Bank gegründet. 75 Jahre später, als am 1. Oktober 2011 das Eis im Lentpark für die Öffentlichkeit freigegeben wurde, hat der Traditionsverein nach vier Jahren eislose Zeit wieder eine Heimat, die kurzfristig vom „Aha–Effekt" lebt. Wie meinte die einzige Meisterklasseläuferin des KEK Jessica Hujsl als sie das Stadion erstmals am 23. September sah: „Ich finde das einfach toll."

Eine Jubiläumsschrift hat oft den Beigeschmack „Schulterklopfbuch". An die Fakten ist solch ein Werk gebunden. Viele mögen mir eine vermissende Wertung der einzelnen Geschichten vorwerfen. Aber eine Weltmeisterin Gundi Busch spricht für sich. Die Abspaltung der Eishockeyabteilung 1972 in „KEC die Haie" zu kommentieren ist nicht Aufgabe dieses Buches. Aber das Grußwort vom Präsidenten des Landeseissportverband NRW Wolfgang Sorge sagt viel.

Wie es sich auch nicht gehörte, 2002 in der Broschüre „30 Jahre Kölner Haie" zu schreiben: „ …die Puckjäger dümpelten lange vor sich hin." Der Bundesligaaufstieg 1969 bezeichnete das Heft als kurzes Strohfeuer, wonach alles wieder im Mittelmaß versank.

Es war die Saison, in der Renate Zehnpfennig Vizemeisterin im Eiskunstlauf wurde.

Von der Eissporthochburg Köln war schon die Rede, zumal in der Aufstiegssaison 1968/69 im Schnitt über 4000 Zuschauer den Weg in die Halle an der Lentstraße zu den KEK-Spielen fanden.

So wie der KEK in seinem Jubiläumsjahr dasteht wird er in der nächsten Zeit keine größere Veranstaltung durchführen können. Das geht im Lentpark nicht. Bei einer Deutschen Meisterschaft im Eiskunstlaufen würde die zwingend erforderliche zweite Bahn fehlen und die Lanxess-Arena ist einfach zu groß.

Ich wünsche Ihnen liebe Leser viel Spaß beim Lesen dieses Buches. Hoffentlich gewinnen Sie neue Erkenntnisse über den Kölner Eis-Klub, dessen Initialen KEK als Autokennzeichen begehrt sind. Immerhin handelt es sich um den zweitältesten Eissportverein in Nordrhein-Westfalen.

Herzlichst Ihr
Willi Harn

Arthur Vollstedt, der 4-fache Deutsche Meister im Eisschnelllauf aus Hamburg, stand zwar nicht mit Schreibmaschine auf dem Protokoll aufgeführt, doch seine Unterschrift sagt klar aus:
Der erste Sportwart des Kölner Eis-Klub 1936 war Gründungsmitglied. Seine Ehefrau Martha war jahrelang Geschäftsführerin im KEK.

„Vereinsgründung am 29. September 1936"

Karl Heimann-Kreuser, erster „Vereinsführer"

Es gab sportbegeisterte Bürger in der Stadt, die konnten noch nicht einmal die Eröffnung des Anton Linde Eisstadions im Dezember 1936 abwarten, als sie am 29. September 1936 einen Eissportverein in Köln aus der Taufe hoben. Im Arbeitszimmer des Direktors der Deutschen Bank, Dr. Friedrich Wilhelm Esser, wurde Karl Heimann Kreuser zum ersten „Vereinsführer" des Kölner Eis Klubs gewählt. Die Vorlaufzeit erwies sich im Nachhinein aber auch als sinnvoll, denn so konnte der erste Sportwart des Vereins Artur Vollstedt gleich mit dem Aufbau der Sportorganisation beginnen.

Im März 1937 fanden die ersten kleinen Klubmeisterschaften statt. In den Ältestenrat wurden Dr. Friedrich Wilhelm Esser, Dr. Paul Canetta, Walter Funke-Kaiser, Dr. h.c. Schreiber sowie Bergwerksdirektor Dr. Peter Winkelnkemper berufen. Dr. Friedrich Wilhelm Esser hatte außerdem eine mündliche Vollmacht für weitere 26 nicht anwesende Gründungsmitglieder in der Tasche.
Die Satzung wurde einstimmig angenommen. Der Kölner Eis Klub e.V. ist beim Amtsgericht Köln unter VR5472 eingetragen.

Im Herbst 1937 wurde dann die Schwimmbadbahn der Öffentlichkeit zur Verfügung gestellt, mit einer ungewöhnlichen Größe von 60 x 36 Meter. Damit hatte Köln mit 4228 Quatratmetern Lauffläche die größte Freiluft-Kunsteisbahn Deutschlands.

Protokoll über die Gründung
des Kölner Eis - Klubs e.V., Köln.

In der auf heute, den 29. September 1936 in das Geschäftsgebäude der Deutschen Bank und Disconto-Gesellschaft Filiale Köln in Köln, einberufenen Versammlung zur Gründung eines einzutragenden Vereins unter dem Namen
Kölner Eis - Klub e.V.,
zu Köln, sind erschienen die in der beiliegenden Liste angekreuzten Herren. Die in dieser Liste nicht angekreuzten Herren sind durch mündliche Vollmacht durch Herrn Bankdirektor Dr. Friedrich Wilhelm Esser, Köln, vertreten, der auch das Protokoll führte. Dem zu gründenden Verein wurde die in der Anlage beigefügte Satzung zugrunde gelegt. Die Satzung wurde vorgelesen. Hierauf wurde die Gründung des Vereins einstimmig beschlossen und die Satzung genehmigt.

Sodann wurde einstimmig gewählt:
zum Vereinsführer
    Herr Karl Heimann - Kreuser.
    Der Vereinsführer bestellte zu seinem Stellvertreter
    Herr Fritz Olivier.
    Der Vereinsführer oder in dessen Behinderung dessen Stellvertreter sind Vorstand im Sinne des § 26 Abs. 2 BGB.
Der Vereinsführer berief in den Beirat:
1. Herr   als Schriftführer,
2. Herr Fritz Olivier   als Schatzmeister,
3. Herr   als Sportwart,
4. Herr   als Dietwart,
5. Herr   als Pressewart.
Die Besetzung der Posten zu 1,3,4 und 5 behielt der Vereinsführer sich noch vor.

    In den Aeltestenrat berief er folgende Herren:
        Dr. Friedrich Wilhelm Esser
        Dr. Paul Canetta
        Walter Funke-Kaiser
        H.C. Scheibler
        Dr. Peter Winkelnkemper

Vorsitzender des Aeltestenrats ist der Vereinsführer.

Zu Kassenprüfern wurden bestellt:
1.) Herr Dr. Arnold Frese, Köln
2.) " Robert Gerling, Köln

Nach Vorlesung dieses Protokolles wurde die Versammlung geschlossen.

K ö l n, den 29. September 1936.

Dr. Esser
als Protokollführer
vertreten durch Herrn
Dr.F.W.Esser auf Grund
mündlicher Vollmacht

ferner als weitere Gründer:
Geheimrat Brecht
Dr. Diestel
Erhard Vitger
Arthur Hahn
Dr. Fritz Eulenstein
Adolf Dasbach
Dr. Carl Auer
Fritz Lehmann
Bruno Behr
Dr. Otto Baier
T.D. Kessel
Gustav Stein
Josef Brunner
L.M. Duerr
Dr.L.V. Kaufmann
J.H. von Stein
Franz Agethen
Franz Proenen
Georg Gasper
Dr. Max Brüggemann
H. van Eyck
K.L. Doerr
Richard Jahr
Dr. Otto Brügelmann
Dr. Erich Vaternahm
August Neven Du Mont

Die Ära Vitger „

Ein Ford Manager prägt auch den KEK
Erhard Vitger wurde 1954 in Köln Deutscher Meister im Eistanz

Die biographischen Daten von Erhard Vitger lesen sich nüchtern und sind trotzdem für den Kölner Eis-Klub interessant, weil er als Königlich Dänischer Konsul und als Generaldirektor von Ford dem Verein immer sehr verbunden war.

Das Gründungsmitglied nahm bereits an den ersten Klubmeisterschaften im März 1937 teil. Zwar weist die Jubiläumsausgabe 1961 der Klubzeitung „25 Jahre Kölner Eis-Klub" Erhard Vitger als Juniorensieger aus, doch muss es sich um einen Kalauer handeln. Der Däne ist am 11. Oktober 1898 geboren. Das Juniorenalter hat auch seine Grenzen!

Wie der Wirtschaftsmanager seine Liebe zum Eissport fand, ist nicht bekannt. Der Gewinn der Deutschen Meisterschaft 1954 in Köln mit seiner Partnerin Maria Juhe-Großkopf im Eistanz brachten ihm Spartenverantwortung im Deutschen Eissport-Verband - auch übernahm er immer häufiger Vorstandsandsposten im KEK. 1949 wurde er erstmals zum 1. Vorsitzenden gewählt.

Als der Verein 1953 eine Curlingabteilung gründete, war Vitger für diese Sparte verantwortlich, und noch heute wird vermutet, dass die teuren Granitsteine aus Schottland damals den Fordwerken gehörten oder zumindest von ihnen gesponsert wurden. Manche Vorstandssitzung musste ohne ihn stattfinden, weil er in Dänemark zu einer Wehrübung einberufen war. Vitger drehte Tonfilme, spielte Golf und zauberte mit Leidenschaft (er gehörte dem Deutschen Magischen Zirkel an). Der einstige Kölner Eissportfunktionär war eine farbige Persönlichkeit. Das Bundesverdienstkreuz bekam Vitger verliehen, weil er in Deutschland den Schülerlotsendienst mit aufbaute. Von der Realschule hat Vitger sich hochgearbeitet. 1958 wechselte er in den Aufsichtsrat von Ford. Als Ehrenpräsident des KEK stiftete er 1973 einen Preis für die Europameisterschaften in Köln. 1991 verstarb er.

Der KEK wäre gut beraten, den Vitgerpokal wieder aufleben zu lassen.

"Eis- und Schwimm-Stadion Köln"

AMSTERDAMER STRASSE · RUF 74186 + 74187

Der Turm „

Die Klubzeitung Nr. 2, Jahrgang 1962, spricht von „Unser Turm...," der ein wachsames Auge über die nördlichen Vorstädte Riehl und Nippes warf. Der etwa 45 Meter hohe im Bauhausstil errichtete Turm des Anton Linde Eisstadions war 25 Jahre Blickfang im Agnesviertel, wo es bis dahin neben der zweitgrößten Kirche Kölns zwei herausragende Bauwerke gab: Die Agneskirche und der Turm des Eisstadions, der am 24. März 1962 letztmals Zeuge einer Großveranstaltung war, bevor er der Spitzhacke zum Opfer fiel, um Platz für eine neue Eishalle zu machen.

Beim Schaulaufen der Weltelite im Eiskunstlaufen sahen 7000 Zuschauer den Balkon des Turms – geschmückt mit der großen KEK-Fahne. Die von Heinz Schachtner gespielten Fanfahren gingen unter die Haut, wie auch die traditionelle Eisverbrennung nach der Veranstaltung. Hier kam bei allen Wehmut auf, denn jedem war klar: Eisverbrennungen wird es in Zukunft nicht mehr geben.

Bei diesem dreistündigen Kunstlauffeuerwerk war die heimische Jutta Geller mit ihrer Kür der Eisbrecher. Marika Kilius feierte ihren 19. Geburtstag. Als Präsident Ludwig Osterkorn ihr rote Rosen schenkte, brauste Beifall auf.

Die Veranstaltung mochte kein Ende nehmen. Als Stadionsprecher und KEK-Pressewart Helmut Koch nach der Eisverbrennung das Finale der Veranstaltung bekanntgegeben hatte, die Europa- und Weltmeister ihre Ehrenrunde gelaufen und wieder in der Kabine waren, machten die Eissportfans keine Anstalten, nach Hause zu gehen. Noch nach Mitternacht hielten sich hunderte von Zuschauern im Stadion auf. Köln nahm Abschied vor Ort von der unüberdachten Hauptbahn des Eis- und Schwimmstadions.

Die feierliche Eisverbrennung war für die Akteure eine willkommene Gelegenheit, sich auch äußerlich erwärmen zu lassen, nachdem die spontane Aufnahme durch unsere Kölner Eissportgemeinde ihre Herzen bereits zum Glühen gebracht hatte.

Glückwunsch für Anton Linde

Vor wenigen Tagen wurde Anton Linde 65 Jahre alt. Eigentlich muß man sagen „jung", denn die sechseinhalb Jahrzehnte seines Lebens drücken sich weder in seiner äußeren Erscheinung noch in seinem Temperament aus. Nachdem er eine schwere Erkrankung, die ihn im Vorjahr befiel, nahezu völlig überstanden hat, ist er wieder ganz der „alte" (klein geschrieben!!!).
Wer Anton Linde ist weiß in Köln Jung und Alt. Das wissen schon die kleinsten Ströppe, die an heißen Sommertagen hinter dem Eiswagen der „Blockeisfabrik von Gottfried Linde" herlaufen und einen Splitter des köstlichen Stoffes stibitzen. Für sie ist Anton Linde – als Gesellschafter und Geschäftsführer besagter Firma – schlechthin der „Eismann". Für diejenigen großen und kleinen Kinder aber, die während der Wintermonate im Eis-Stadion an der Lentstraße Schlittschuh laufen oder bei Veranstaltungen den Zuschauerraum bevölkern, ist unser Geburtstagskind der „Eisvater". Fürwahr ein Ehrentitel, den Anton Linde verdient hat. Er unternahm im Jahre 1936 das Wagnis, im inneren Grüngürtel jene großartige Anlage zu erstellen, die als Eis- und Schwimmstadion eines der Schmuckstücke Kölns wurde und die Ihresgleichen in ganz Europa vergeblich sucht. Mit dem Bau dieses Zwei-Zwecke-Stadions wurde einem dringenden Bedürfnis abgeholfen. Besonders die Kunsteisbahn war für die eislaufbeflissene Jugend so nötig wie Brot, denn jetzt brauchten die Jungen und Mädel nicht mehr sehnlichst nach Frosttagen Ausschau zu halten, die bei uns so selten sind. Aber auch die badelustigen Kölner freuten sich über das Schwimmbecken, das in herrliche Anlagen eingebettet liegt und das sie unabhängig machte von den bereits vorhandenen, meist übervölkerten Anlagen.
Anton Lindes Tatkraft litt es nicht, daß sein Werk, das wie die übrigen Fabriken und Kühlanlagen seiner Firma schwerste Kriegsschäden erlitt, lange brach lag. In unverhältnismäßig kurzer Zeit waren die Schäden beseitigt, und wie der Geschäftsmann wieder sein Blockeis beziehen oder seine Ware einlagern konnte, so durften sich Sportler schon bald nach Kriegsende wieder auf der Eisfläche oder im Wasser tummeln. Eben diese zähe Energie Anton Lindes gibt uns die Überzeugung, daß er auch sein nächstes Ziel zuwege bringt, nämlich die ÜBERDACHUNG des Eis-Stadions.
Anton Linde ist waschechter Kölner. Das macht ihn seinen Mitbürgern besonders sympathisch. Lieber „Toni", wir, die wir heute dieser herrlichen Veranstaltung nur deswegen beiwohnen können, weil du vor achtzehn Jahren den Mut zum Bau des Stadions hattest, rufen dir zu deinem Geburtstage aus dankbarem Herzen einen aufrichtigen Glückwunsch zu. Mögest du uns noch viele, viele Jahre in alter Frische erhalten bleiben!

*Der Glückwunsch wurde aus dem Programmheft
zum Schaulaufen 1953 mit Gundi entnommen*

Die Eishalle "

Im März 1964 war es dann endlich soweit. Mit einem Schaulaufen der Olympiasieger und Weltmeister wurde die neue Kölner Eisporthalle eröffnet, die der damalige Oberbürgermeister Theo Burauen im Programmheft für die Veranstaltung zu eine der besten in Europa zählte. Der Bau der Halle auf den Grundmauern des alten Lindeeisstadions kostete 8 Millionen DM. Sie fasste 5500 Zuschauer (3000 Sitz und 2500 Stehplätze). Mit dem Ausbau der Sitzplätze auf der Westtribüne (wegen des Erfolges der KEK-Tochter KEC) wurde das Fassungsvermögen erhöht. Die Stühle lagern in einem Fort. In welchem, weiß keiner.

Die Architektengemeinschaft Dr. Schulze/ Dr. Hesse sollte eine Halle ohne Sichtbehinderung für die Zuschauer bauen. Eissportfans mit Höhenangst mieden die Balkone. Wer auf ihnen saß, konnte auch im Stehen das unter ihm liegende Tor nicht sehen. Die Gaststätte war an die Firma Blatzheim verpachtet und hier wurde sein Jubiläum „50 Jahre Kölner Eis-Klub" gefeiert. Neben etlichen Landesmeisterschaften (die letzte 2003) führte der KEK in der Eishalle an der Lentstraße mit den Deutschen Meisterschaften 1965 und 1969 auch die Europameisterschaft im Eiskunstlaufen 1973 durch.

Wie im Lentpark in den Schulferien bildeten sich im März 1974 lange Schlangen vor den Kassen des Eisstadions.

Für die Überdachung der Freiluftarena wurde zuerst ein neues Kühlsystem eingebaut.

Als am 15. März 2007 die Halle wegen Einsturzgefahr geschlossen wurde, bekam die Schwimmbadbahn noch einmal große Bedeutung für den KEK. Die schon abgeschalteten Eismaschinen wurden von der KölnBäder GmbH noch einmal angefahren. Die Saison konnte für Verein und Öffentlichkeit normal zu Ende geführt werden.

Arthur Vollstedt gratuliert Gundi Busch.

Die ganze Familie Vollstedt war an der Lentstraße aktiv "

Viele Geschichten um den Bau des Eis-und-Schwimmstadions beginnen so: Im Winter 1936 reiste der spätere Bauherr und Eigentümer des Eisstadions mit seinem Architekten Giorlani nach Garmisch-Partenkirchen zur Winter Olympiade. Die beiden wurden allerdings selten an den Hängen und Pisten gesehen. Ihr Interesse galt einzig und allein dem neugebauten Eisstadion in Garmisch, das allerdings kein Ideengeber war. Köln und das Olympiastadion hatten nichts gemeinsam.

Anton Linde hatte jedoch im Werdenfelser Land mit Arthur Vollstedt, einem Mann aus dem Organisationskomitee (OK) der Spiele, einen Stadionverwalter gefunden, der sich im Eissport auskannte und auch ein Fuchs war.

Seine 19 Jahre jüngere Frau Martha, die auch beim OK als Sekretärin arbeitete, wurde gleich mit verpflichtet.

Im Stadion hatten die Vollstedts eine Wohnung im Maschinenhaus. Nach dessen Zerstörung im Krieg wurde eine provisorische Bleibe unter der Westtribüne geschaffen, die auch als Umkleide bei Schaulaufen diente. „Die maroden Eishockeykabinen waren einer Gundi Busch oder Ina Bauer nicht zuzumuten" sagt Tochter Jutta, die 1943 in Bad Kissingen geboren wurde. Heute heißt sie Münchmeyer und wohnt nach wie vor im Agnesviertel.

Noch als Wahlkölner dachte Vollstedt an seine Heimstadt Hamburg. Die Eröffnungsveranstaltung 1936 sollte ursprünglich am 5. Dezember sein, wurde aber wegen schlechten Wetters um eine Woche verschoben. Nur war jetzt nicht mehr Düsseldorf, sondern Altona der Gegner von Nürnberg im Eishockey. Altona war der Stammverein des Eisschnell-Läufers Vollstedt.

Als Sportwart des Kölner Eis-Klubs hat Vollstedt den Verein geprägt. Ob er Anteile daran hatte, dass Hermann/Minor im erfolgreichsten KEK Jahr 1954 für den EC Bad Tölz starteten, wurde nie aufgedeckt.

Wer als Jugendlicher beim öffentlichen Lauf keine Disziplin zeigte, bekam von ihm Stadionverbot, wurde aber oft von seiner Frau begnadigt. Als die Stadt Köln 1959 das Eis- und Schwimmstadion erwarb und eine Betriebsgesellschaft gründete, blieb Vollstedt weiter an der Lentstraße beschäftigt. 1963 schied er aus. Er hatte die Altersgrenze erreicht.

Biografie: Vollstedt

1922 Verbands-Junioren-Laufen über 3000 m gewonnen, Garmisch-Partenkirchen; Norddeutscher Eisschnelllauf-Meister, Altona

1923 Norddeutscher Eisschnelllauf-Meister, Altona;
Deutsche Eisschnelllauf-Meisterschaft Berlin, 3.Preis 5000 m gewonnen

1924 Deutsche Meisterschaf Berlin, 5000 m gewonnen
Verbandslaufen Berlin, 2.Preis über 5000 m neuer Rekord (der alte Rekord bestand seit 18 Jahren)

1925 Deutscher Meister Titisee, neue Rekorde über 1500 m und 5000 m
Stadtpreis von Altona und Norddeutsche Meisterschaft gewonnen
Weltmeisterschaft in Oslo teilgenommen

1926 Verbands-Senioren-Laufen über 3000 m gewonnen und neuer Rekord
Deutscher Meister über 1500 m und 5000 m, Titisee
Winterkampfspiele Titisee, neuer deutscher Rekord über 1000 m,
Norddeutsche Meisterschaft Hamburg

1928 Deutscher Meister, Riessersee
Weltmeisterschaft in Davos teilgenommen
Olympiade in St. Moritz (Trainingslauf 5000 m in 8,43 Min.)
Norddeutsche Meisterschaft, Altona

1929 Deutscher Meister Titisee, neuer deutscher Rekord über 10.000 m
Internationales Senioren-Laufen Titisee, 1.Preis über 1500 m
Internationales Junioren-Laufen Titisee, 1.Preis über 5000 m
Stadtpreis von Altona gewonnen und Senatspreis von Hamburg

1930 Deutscher Meister, Krummhübel (Karpacz, im polnischen Teil des Riesengebirges)
Kampfspiele Krummhübel, neuer deutscher Rekord über 5000 m;

„Es dürfte wohl als Höchstleistung gewertet werden, dass ich im 39. Lebensjahr noch die Deutsche Meisterschaft errang und einen neuen deutschen Rekord über 5000 m aufstellte!

<u>Auszeichnung</u>
Die Bronzene Plakette für besondere Leistungen von der Stadt Altona verliehen.

1923 Ausbildung zum Rennruderer im 31.Jebensjahr;
1924 Im Vierer und Achter 9 erstklassige Siege als Jungmann, Junior und Senior.

DAS ORGANISATIONS-KOMITEE FÜR DIE XI. OLYMPIADE BERLIN 1936 BEEHRT SICH,

Herrn Arthur Vollstedt

ALS EHRENGAST ZUR TEILNAHME AN DEN VOM 1. BIS 16. AUGUST 1936 IN BERLIN STATTFINDENDEN OLYMPISCHEN SPIELEN EINZULADEN.

ANLIEGEND: 1 *Olympia-Stadion-Paß*

ES WIRD GEBETEN, IM NICHTBEDARFSFALL DIE KARTE AN DAS ORGANISATIONS-KOMITEE FÜR DIE XI. OLYMPIADE, BERLIN-CHARLOTTENBURG 2, HARDENBERGSTR. 43, ZURÜCKZUSENDEN.

Martha und Arthur Vollstedt.

Eiskunstlauf-Trainer Hermann Braun kümmerte sich nicht nur um herausragende, sondern auch um Nachwuchsläufer. Hier unterrichtet er Waltraut Schumacher, die heute Erdmann heißt.

„Die Eiskunstlaufabteilung hatte Marktwert "

nicht nur wegen Anneliese Gerdom, Ursel Barkey und den Paaren Wolff/Weber und Braun/Minor

Als Einzelläufer musste Hermann Braun auch die Pflicht beherrschen.

Einen Rückblick im Eiskunstlauf und Eistanz zu verfassen, der mit den ersten Klubmeisterschaften am 1. März 1937 beginnt, bedeutet zumindest, bis Ende des 2. Weltkrieges ohne Zeitzeugen auszukommen. Auf schon gedrucktes Archivgut wurde zurückgegriffen. Die Siegerin bei den Damen, Berti Worm, hat heute noch die Mitgliedsnummer 1 im KEK. Ihr Mann Rudolf siegte bei den Herren.

Die Klubmeisterschaften setzten ein Zeichen zu einer steilen Aufwärtsentwicklung. Selbst der im September 1939 ausbrechende Krieg konnte den Trend nicht stoppen. 1941 erfolgte der erste Einbruch in die dahin unbestrittene Vorherrschaft Süddeutschlands und Berlins. Anneliese Gerdom und Hermann Braun wurden in Garmisch-Partenkirchen „Reichsjugendsieger". Inge Minor, Lydia Olligschläger, Brigitte Knoop erreichten beachtliche Mittelplätze.

Martha Osterholt-Joachim Ernst KEK e.V.

Reichssieger Wettbewerb 1941, Eistanz

Im Krieg machte das Paar Gerdom/Braun 1943 mit dem Gewinn der Juniorenmeisterschaften von sich Reden.

In den Ergebnislisten tauchte in Köln beim „Reichssiegerwettbewerb" 1941 im Eistanz das KEK–Paar Martha Osterhold und Joachim Ernst auf. Mit dem neunten Platz gaben sie ihr vielversprechendes Debüt, dicht gefolgt von dem zweiten Kölner Paar Albrecht/Holm.

Nach dem Krieg formierte sich die KEK-Eiskunstlaufgilde neu. 1948 kamen die Trainer Paul Franke und Dr. Fritz Pauli (der im Übrigen auch die Ruderer von „1877" betreute) nach Köln. Unter Förderung von Sportwart Arthur Vollstedt schoben sich die gleichen Namen in den Vordergrund, die schon während des Krieges Erfolg hatten.

Die Trennung des Paares Gerdom/Braun glich einer Katastrophe. Bei den Klubmeisterschaften im März 1949 trat Hermann Braun erstmals mit Inge Minor als Paar auf. Im gleichen Jahr wurde Hermann im Einzellauf Rheinlandmeister und Inge bei den Damen Zweite. Ein dritter Platz 1950 war ein gelungener Start, der sich 1951 und 1952 wiederholte und zur Teilnahme an der Europa- und Weltmeisterschaft reichte, wo Minor/Braun bei stärkster internationaler Konkurrenz Fünfte wurden.

Den einzigen Titel gewann das Eislaufpaar Minor/Braun 1954. Warum er ausgerechnet da für den EC Bad Tölz startete, kann nur vermutet werden: An der Lentstraße gab es zu wenig Trainingseis.

Monika Wolf/Jürgen Weber beim Sommertraining in Sheffield bei London.

Jutta Geller, eine Ikone des Kölner Eiskunstlaufs, Eisbrecherin bei Schauläufen, unzählige Male Klub- und Landesmeisterin. 7. der Studentenweltmeisterschaft.

Wegen des Todes seines Vaters und dem damit verbundenem Einsatz in der elterlichen Bäckerei in Köln-Ehrenfeld beendete Hermann Braun noch 1954 seine Karriere, blieb dem Klub aber als Trainer erhalten, der auch gleich ein Paar formte: Monika Wolff und Jürgen Weber.

Sie wurden bei den Deutschen Meisterschaften 1957 in Berlin und 1958 in München jeweils Dritte. Das Paar aus Köln hatte gegen Kilius/Ningel keine Chance und in München trat Marika Kilius erstmals mit Hans-Jürgen Bäumler in Erscheinung. Als Jürgen Weber mit seiner Partnerin Monika Wolf 1959 glaubte, jetzt käme der große Durchbruch und es bei den Titelkämpfen in Berlin nur zu Rang Vier reichte, hängte das Paar seine Schlittschuhe an den berühmten Sportnagel. Einziger Titel war der des Landesmeisters 1957.

1959 begann auch so richtig die Ära der blonden Ursel Barkey, die aber nie den Sprung nach ganz oben schaffte. Ganzjahrestraining und Ballettunterricht brachten ihr nicht den verdienten Lohn. Nach den Deutschen Meisterschaften 1962 in Frankfurt ging sie zur Revue „Holiday on Ice" und verlor ihren Amateurstatus.

Hiernach wurde es ruhiger um den Eiskunstlaufsport in Köln. Die Trainer Anneliese Gerdom, Inge Minor, Hans Schwarz, Werner Sayffaerth und Hermann Braun kämpften um jede Stunde Trainingseis. Sayffaerth holte sogar Bundestrainer und Paarlaufmeistermacher Erich Zeller aus Garmisch an den Rhein, damit er mit Verein und Stadt Köln verhandeln konnte. Bei den Deutschen Meisterschaften 1965 in Köln rutsche Jutta Geller knapp am Treppchen mit Rang Vier vorbei. Eigene Geschichten haben die Vizemeisterin von 1969, Renate Zehnpfennig, und der Meister von 1976, Gert-Walter Graebner, in diesem Buch.

Ursel Barkey schrammte zwar immer am Titel vorbei: Aber trotzdem vertrat sie den KEK für Deutschland 1960 bei Olympia.

Veranstaltung am Sonntag, 2. Febr. 1941, 14.30 Uhr, im Eis- u. Schwimm-Stadion Köln

PROGRAMMFOLGE *Änderungen vorbehalten*

1. Kürlauf: Brigitte Mönnich, Kölner Eis-Klub e. V.
2. Erstes Spieldrittel des Eishockey-Wettkampfes
   Post-Sportgemeinschaft Essen e.V. gegen
   Kölner Eis-Klub e.V.
3. Kürlauf: Hermann Braun, Kölner Eis-Klub e. V.
4. Zweites Spieldrittel des Eishockey-Wettkampfes
5. Kürlauf: Lydia Olligschläger, Kölner Eis-Klub e. V.
6. Paarlauf: Anneliese Gerdom — Hermann Braun, Kölner Eis-Klub e. V.
7. Letztes Spieldrittel des Eishockey-Wettkampfes

Pause

Mannschaftsaufstellungen

Post-Sportgemeinschaft Essen e.V.
Tor: Hampel (1)
Verteidigung: Kalisch (3), Buchs (7)
1. Sturm: Mutsch (9), Schneider (8), Hegenköttel (2)
2. Sturm: Noeding (5), Vervoorth (6), Kampers (4)
Ersatz: Ußling (10)

Kölner Eis-Klub e.V.
Tor: Daniels
Verteidigung: Frangenheim (4), Kirschbaum (2)
1. Sturm: Brandenburg (6), Giorlani (7), Richartz (8)
2. Sturm: Westermann (3), Jansen (4), Leser (5)

8. Reichssiegerwettbewerb im Eistanz

Karola und Max Schlatterer, Münchener Eislauf-V.
Bozem — Schmidt, Kölner Eis-Klub e. V.
Albrecht — Holnaicher, Augsburger Eislauf-Verein
Lore Hintermair — Herbert Kleindienst, Münchener Eislauf-Verein
Martha Osterholt — J. Ernst, Kölner Eis-Klub e. V.
Edith Winkelmann — Walter Löhner, Wiener Eissport-Gemeinschaft
Trude Wagner — Fritz Stanick, WEG.
Jutta Stöhr — Fritz Hackl, WEG.
Branowitzer — Plaschke, WEG.
Hörmann — Kolbinger, WEG.
Bauer — Kröpfl, WEG.
Partmann — Heinlein, WEG.
Winsbaur — Fischer, WEG.
Weingarthober — Knaipp, WEG.

Die Reihenfolge der startenden Paare wird durch den Lautsprecher bekanntgegeben.

Veranstalter: NSRL, Reichsführung-Fachamt Eissport, Rollsport, Berlin-Charlottenburg 9
Ausrichter: Kölner Eis-Klub e. V.
Schiedsrichter: Franz Pech, Wien
Kampfrichter: Otto Schartiger, Berlin
Dr. Eigel, Wien
R. Dürholt, Düsseldorf
Bruno Walter, Nürnberg
G. Aichinger, München.

G. Aichinger, München.

Veranstaltung am Samstag, 15. u. Sonntag, 16. März 1941, im Eis- u. Schwimm-Stadion Köln

PROGRAMMFOLGE *Änderungen vorbehalten*

Samstag, den 15. März, 17 Uhr

1. Eisschnellauf-Staffel über 5000 m:
   Essen-Dortmund: Kölner Eis-Klub e. V.:
   Sonderkampf — Günther   B. Geuer — J. Kalle
                  Reichssieger der A-Klasse 1941
                  Schlösser — R. Geuer
                  Reichssieger der B2-Klasse 1941
2. Kürlauf: Hermann Braun, Kölner Eis-Klub e. V.
3. Kürlauf: Anneliese Gerdom, Kölner Eis-Klub e. V.
4. Kürlauf: Lilli Bauer, Kölner Eis-Klub e. V.
5. Kürlauf: Brigitte Knoop, Kölner Eis-Klub e. V.
6. **Endspiel um die Deutsche Eishockeymeisterschaft 1940/41**
   Sport-Club Riessersee gegen Rot-Weiß, Berlin
   Aufstellung der Mannschaften siehe Seite 10
   Erstes Spieldrittel
7. Eistanz: M. Osterholt — J. Ernst, Kölner Eis-Klub e. V.
8. Paarlauf: **Gerda Strauch - Günther Noack**, Berlin
9. **Benno Faltermeir**, München
10. Zweites Spieldrittel des Eishockey-Kampfes
11. Paarlauf: Anneliese Gerdom — Hermann Braun, Kölner Eis-Klub e. V. — Deutsche Jugendmeister 1941
12. Eistanz: **Gerda Strauch - Günther Noack**, Berlin
13. **Benno Faltermeir**, München
14. Letztes Spieldrittel des Eishockey-Kampfes

Sonntag, den 16. März, 16 Uhr

1. Eisschnellauf-Staffel über 5000 m:
   Essen-Dortmund: Kölner Eis-Klub e. V.:
   Sonderkampf — Günther   B. Geuer — R. Geuer
                  Reichssieger der A-Klasse 1941
                  Schlösser — Kalle
                  Reichssieger der B-Klasse 1941
2. Kürlauf: Lydia Olligschläger, Kölner Eis-Klub e. V.
3. Kürlauf: Brigitte Mönnich, Kölner Eis-Klub e. V.
4. Kürlauf: Inge Minor, Kölner Eis-Klub e. V.
5. **Freundschafts-Eishockeykampf und Meisterschaftsrevanche**
   Sport-Club Riessersee gegen Rot-Weiß, Berlin
   Aufstellung der Mannschaften siehe Seite 10
   Erstes Spieldrittel
6. Kürlauf: Hermann Braun, Kölner Eis-Klub e. V.
7. Kürlauf: Lilli Bauer, Kölner Eis-Klub e. V.
8. Eistanz: M. Osterholt — J. Ernst, Kölner Eis-Klub e. V.
9. Paarlauf: **Gerda Strauch - Günther Noack**, Berlin
10. **Benno Faltermeir**, München
11. Zweites Spieldrittel des Eishockey-Freundschaftskampfes
12. Kürlauf: Brigitte Knoop, Kölner Eis-Klub e. V.
13. Paarlauf: Anneliese Gerdom — Hermann Braun
14. Eistanz: **Gerda Strauch - Günther Noack**, Berlin
15. **Benno Faltermeir**, München
16. Letztes Spieldrittel des Eishockey-Freundschaftskampfes

VERANSTALTER: NS-REICHSBUND FÜR LEIBESÜBUNGEN, KÖLNER EIS-KLUB E.V.

PROGRAMM

1. Jugend-Meisterschaft — Kürlauf

Teilnehmer: 1. Ingrid Michaelsen
2. Anita Zayen
3. Jutta Vollstedt
4. Erika Stein
5. Marlise Schmitz
6. Jutta Geller
7. Karin Meding
9. Andrea Verdcheval

2. Tanz-Meisterschaft — Senioren (Pflichttanz)

Martinett/Ruland   Tango — Quickstep
Juhé/Vitger   Komb. Westminster Viennese

3. Gundi Busch, Deutsche Meisterin 1953
Weltmeisterschaftszweite

4. Schnellauf-Meisterschaft — 500 m

Teilnehmer Herren: 1. Theo Meding (Deutscher Meister)
2. Heinz Hagedorn
3. Paul Klein
4. Nikolaus Geer

Damen: 1. Gertrud Meding (Deutsche Meisterin)
2. Maria Deden
3. Elisabeth Brab

5. Klub-Meisterschaft Herren (Kürlauf)

Teilnehmer: Werner Sayffaerth
Jürgen Weber

6. Tanz-Meisterschaft — Senioren (Pflichttanz)

Martinett/Ruland   Blues
Juhé/Vitger   Komb. Rockerfox/Quickstep

7. Klub-Meisterschaft — Damen (Kürlauf)

Teilnehmer: 1. Karin Breitheker
2. Margret Rörig
3. Sieglinde Scheuer

8. Tanz-Meisterschaft — Senioren (Kürtanz)

Martinett/Ruland
Juhé/Vitger

Gundi Busch

Anschließend:
Eishockeyspiel zweier Klub-Mannschaften.

Bekanntgabe der Sieger und Klubmeister — Die Preisverteilung findet an einem späteren Tage statt.

Programm-Änderungen vorbehalten.

Klubmeisterschaften 1953

9. März, 19 Uhr

Vorwettbewerbe:

Eiskunstlaufen (Neulinge) finden am Freitag, den 6. März, um 15 Uhr,

Eisschnellaufen (1000 m Frauen, 1500 m Männer), am gleichen Tage um 20 Uhr statt.

Teilnehmer:

bis 12 Jahre	
Inge Peters	Inge Sommer
Anne Richter	Ingried Huismans
Elfriede Stippler	Dorothea von Beaulieu
Monika Wolff	über 12 Jahre
Marlene Frings	Hannelore Hartmann
Ruth Hoffmann	Ursula Wefers
Elke Rasch	Erika Wester
Annemie Rörig	Ulrike Fuss
Doris Zorn	Ursula Best
Ursel Barkey	Ursula Comp
Renate v. Beaulieu	Ursula Wittenberg
Felicitas Rabenalt	Christa Schweitzer
Gisine Länge	Gisela Weiss
Doris Kandt	Renate Simon
Ellen Gödde	Martha Jovy
Beatrice Blume	Ingried Riebel
Karin Hoffmann	Karin Riebel
Karin Neukranz	Waltraud Gierke
Inge Brinkmann	Hella Reinhard
Heike Hinterthan	Lieselotte Hof
Maja Huismans	Peter Wilhelmi

Die Trennung des Paares Anneliese Gerdom/Hermann Braun glich einem Drama.

1500 Meter Eisschnelllaufrennen auf der 250 Meterbahn, im Windschatten von B. Geuer: A. Kalle und H.-G. Schlösser.

Schnellläufer schrieben ein glanzvolles Kapitel "

Die ersten Eisflitzer im Kölner Eis-Klub waren Eishockeyspieler. Stadionverwalter Arthur Vollstedt, selbst mehrfacher Deutscher Meister, hatte einen Blick für Talente und konnte sie begeistern. Der erste Klubmeister soll die 1.000 Meter in 2:23,5 Minuten gelaufen sein. An den Winterjugendspielen 1938 beteiligten sich Schlösser, Schweigert, Backhaus und Westermann (die Vornamen sind leider unbekannt). 1939 erfolgte dann die Umstellung auf Rennschlittschuhe mit den langen Kufen.

Weil die Wettkampf- und die Schwimmbadbahn im Süden und im Norden mit Durchlässen untereinander verbunden waren, war das Lindeeisstadion für Eisschelllauftraining ideal. Aber Bernd Geuer wiegelt ab: „Wir konnten zwar Geraden aber keine Kurven Laufen." Anderer Meinung hingegen war Karin Wolfshol-Meding, noch am 19. Oktober 2011 nach der KEK-Mitgliederversammlung im Lentpark Bistro: „Es kommt auf die Schrittkombination an." Ihre vom Verband verliehenen goldenen Schlittschuhe hatte sie dabei.

Länderkampf Deutschland vs. Norwegen, Februar 1942 in Klagenfurt.

Noch während des Krieges hatten die Brüder Rudi und Bernd Geuer ihre ersten sportlichen Erfolge. National bei Junioren und Jugendkämpfen und international bei Ländervergleichswettbewerben mit Norwegen und Ungarn.

Nach dem Krieg wuchsen dann neben den „alten Recken" neue Läufer heran – und auch Läuferinnen. 1947 trat erstmals Heinz Hagedorn in Burghausen an und wurde hinter dem bekannten Egerland aus Berlin Zweiter. Lilli Balk-Bauer gewann 1949 auf dem Schliersee die Deutsche Meisterschaft wie auch ein Jahr später in Bad Reichenhall. Zu den vielen Staffelsiegern gehörte Paul Klein, der jetzt noch sagt: „Der Arthur Vollstedt hat uns Disziplin beigebracht."

Die große Zeit von Theo Meding begann 1950, als er sich in Hamburg die „Kleinbahnmeisterschaft" vor seinen Vereinskameraden Hagedorn, Grunewald, und Rudi Geuer holte und sich am gleichen Tage erstmals als Gewinner des „Hamburger Senats Preises" eintrug. Die Ära Meding dauerte bis 1954, als er zum letzten Male Deutscher Meister wurde, nachdem er diesen Titel 1951 errungen und in den Jahren 1952 und 1953 jeweils erfolgreich verteidigt hatte. Weil Theo Meding manchmal kein gradliniges Leben führte, verhängte der Vorstand eine Nachrichtensperre über seinen Sportstar. Seine Zustimmung zur Fremdenlegion soll der Kölner während der Olympischen Winterspiele von 1952 in Oslo in einer Autogrammstunde (angeblich laut Familie untergeschoben) gegeben haben, aus der der spätere Trainer dann 1955 geflohen sein soll.

Gestelltes Pressefoto von 1953 auf dem Schliersee: Maria Degen mit Gertrud Meding.

Maria Degen nimmt Schwung auf der Geraden.

Die Medingzeit wurde geprägt von der großen Leistungsdichte im KEK. 1951 tauchte erstmals Inge Maßmann als Meisterin auf. 1952 Gertrud Meding gefolgt von Maria Degen und noch mal Inge Maßmann.

Maria Degen war insgesamt zwei Mal Meisterin und genau so oft Vize. Zum Eissport kam die Kölnerin durch den Tausch ihres Schlittens gegen Schlittschuhe in der Tauschbörse in der Ehrenstraße. Entdeckt wurde die heutige 78-Jährige beim öffentlichen Lauf von Altmeister Arthur Vollstedt auf Kunstlaufkufen und während ihrer aktiven Zeit. Das Training hatte sie nicht nur auf den Zeitraum von der Saisonöffnung des Lindeeisstadion Mitte Oktober bis kurz vor Frühlingsanfang begrenzt: Zum Sommertraining fuhr sie nach Davos in die Schweiz.

Ihre einzige schlimme Verletzung hat sich Maria Degen erst im hohen Alter zugezogen, als sie sich auf dem Gelände der Sporthochschule Inline-Skates anzog und wegrollte. Auf dem Röntgenbild wurde ein Beckenbruch diagnostiziert. Ihr Traum, auf der Hochbahn in der neuen Lentpark-Eishalle zu laufen, dürfte sich dennoch verwirklichen lassen, auch wenn sie „noch" nicht mit den langen Rennkufen befahren werden darf.

Das abgedruckte gestellte Pressefoto von den Deutschen Meisterschaften 1953 auf dem Schliersee mit Gertrud Meding findet Maria Degen nicht schön. Begeistert redet die Kölnerin von Ostern 1952.

Zwei Eisschnelllaufgrößen treffen sich beim Radrennen am Eigelstein. Maria Degen mit Gunda Niemann-Stirnemann.

Die Verliererin aus Ost-Berlin läuft ihre Ehrenrunde mit Blumen. Maria Degen hält ihren Siegteller fest im Griff.

Vier Eisschnellläufer des KEK waren auf Einladung des DDR-Staatsratsvorsitzenden Walter Ulbricht zum Städtevergleichswettkampf Köln-Berlin (Ost) eingeladen. „Wir brauchten bei den Vopos nur die Einladung von Walter Ulbricht vorzuzeigen und die Kontrollen waren ein Durchwinken…," erzählt Maria Degen, die sich gerne an die Übernachtungen im Hotel Adlon erinnert, auch wenn es nicht mit dem jetzigen am Pariser Platz zu vergleichen ist.

Ihren Siegteller über 500 m bei den Damen schenkte sie unlängst ihrem Verein. Er schmückt jetzt die klubeigenen Räume an der Lentstraße: „Bei mir wäre er irgendwann auf dem Sperrmüll gelandet". Zu der Mannschaft in Ostberlin gehörten noch die Geschwister Gertrud und Theo Meding sowie Rudi Geuer. Mit der Deutschen Meisterschaft 1955 von Maria Degen auf dem Schliersee endete zunächst die Glanzzeit der KEK-Eisflitzer, bis 1965 im Eisstadion in Inzell Edith Berger Rang zwei erreichte. Das war die Zeit, als Klaus Geer im KEK für den Schnelllauf verantwortlich war. Heinz (Spitzname auf Kölsch Drickes) Geismann holte in Hamburg noch eine Vizemeisterschaft 1961 auf der Kleinbahn.

Nur zufriedene Gesichter bei den „Windhunden".

Die Mutter des Kölner Eissports   Seite 51

So präsentierten sich Morkepütz/Twelker bei den Deutschen Meisterschaften 1958 in München.

Der KEK verdankt Karl-Friedrich Twelker viel "

Ja, der Kölner Eis–Klub hat Karl-Friedrich Twelker viel zu verdanken. Die vier Jahre eislose Zeit hat er mit der Anmietung von Trainingseis in Bergisch Gladbach und in der Kölnarena 2 nach den finanziellen Möglichkeiten gut gelöst. Präsident Klaus Ulonska formulierte es auf der Mitgliederversammlung 2008 so: „Der Vorsitzende ist jetzt seit 1948 im Verein und war die meiste Zeit in Amt und Würden. Wir sollten dem Mann für 60 Jahre Vereinszugehörigkeit gratulieren." Der Applaus der KEK-Familie war überfreundlich, wenngleich Ulonska auch immer wieder anmahnte, das „Karl" an seine Nachfolge denken müsse. Twelker ist jetzt 77 Jahre alt und leitet noch immer die Übungsstunden seiner Abteilung Breitensport. Es ist kein Kronprinz in Sicht.

Bis auf Schatzmeister und Leitung der Sparte Eisschnelllauf hat Twelker schon alle Vorstandsämter ausgefüllt. Er leitete mit der Rollsportabteilung sogar eine Abteilung, die es heute nicht mehr gibt. Die Rollschuhbahn gegenüber dem Eisstadion an der Lentstraße ist jetzt noch in den Umrissen zu erkennen. Nach der Satzung gibt es den 1. Vorsitzenden beim KEK seit April 2007. Die Gründung des Kölner Eissport und Skating Klubs war für Twelker Auslöser für eine Revision der seit 1966 gültigen Satzung. Seine Wahl als 1. Vorsitzender auf der Jahreshauptversammlung im Herbst 2007 war reine Formsache. Die Lokalpresse hatte ihn schon immer so bezeichnet.

Den Vorwurf der Eishockeycracks, Twelker würde den schnellen Mannschaftssport boykottierten, kontert der strenggläubige Katholik nüchtern: „Die Trainingspläne wurden im Vorstand ausgearbeitet und bestimmt."

Während die Halle in den Spielzeiten 1962/63 und 1963/64 gebaut wurde, hatte der KEK neben den Kriegswirren wahrscheinlich seine schwerste Zeit zu überstehen.

Die Schwimmbadbahn war zur Baustelle hin mit einem Holzbretterzaun abgesichert.

Die Düsseldorfer EG legte Protest ein. Erst Twelkers Vergleich mit dem Maschendrahtzaun an der Brehmstraße hielt den Krach im Rahmen. Das Kölner Eishockey stand kurz vor dem Aus.

Twelker war es auch, der die Freiluftbahn veranstaltungsfertig machte: hängte die Lautsprecher auf, schleppte die Sonnenschirme aus dem Schuppen der Rollschuhbahn, um bei Regen den Zeitnehmertisch zu schützen.

Training beim öffentlichen Lauf im unüberdachten Lindeeisstadion.

Nach seinen sportlichen Erfolgen gefragt, ist der leidenschaftliche Eistänzer etwas wortkarg. Ein Bild mit seiner Partnerin Anneliese Morkepütz, das schon in der Geschäftsstelle der alten Eishalle hing, sagt nichts über den Ursprung aus. Twelker/Morkepütz erreichten bei den Deutschen Meisterschaften 1958 im Prinzregentenstadion in München in der Juniorenklasse einen Podiumsplatz. Im Eistanz wurde das Paar aus Nippes Dritte.

Zu seiner sportlichen Bilanz fügt der Drogistensohn noch an: „Wir haben den Vitger-Pokal in Köln gewonnen." Ein Wettbewerb, der im Deutschen Eissport Verband große Bedeutung hatte.

Der Eissportfunktionär ist persönlich froh über seine Aufgabe beim KEK. Klagt nur selten über die viele Arbeit. Er war Preisrichter, und als Kassenprüfer im Landesverband hat er gute Kontakte nach Dortmund.

Der Single war in seinem ersten Berufsleben Finanzbeamter. Pensioniert wurde er als Rektor einer Grundschule in Ehrenfeld.

Noch keine Helmpflicht beim KEK.

„KEK-Puckjäger bis 1972 ein Auf und Ab "

Das Jubiläumsheft von 1961 des Kölner Eis-Klubs spricht von Bobby Hoffinger als erstem Eishockeytrainer in Köln. Aber es gibt Quellen aus Krefeld, die den deutschstämmigen Kanadier Henry Schultz nennen, der die Eishockeyabteilung im KEK ab Weihnachten 1936 aufbaute. Und er setzte – im Gegensatz zu den Gepflogenheiten anderer neugegründeter Vereine in Westdeutschland, die durch Verpflichtung von Spielern aus Berlin oder Süddeutschland oder wie Krefeld aus Übersee ihre Mannschaft verstärkten – auf „Kölsche Jungs", die am 27. Februar 1937 ihr erstes Spiel in Krefeld mit einem 2:0 Sieg bestritten. Eine KEK-Mannschaft zeigte ihr erstes Spiel auf Kölner Eis am 1. März 1937 gegen die Düsseldorfer Junioren.

	KEK-Trainer
1936/37	Henry Schultz
1937/38	Bobby Bell
1953/54	Fritz Walter
1954/55	Bruno Guttowski
1955/56	Otto Brandenburg
1956/57	Ted Mitenko
1957/58	Gerhard Kießling
1958/59	Otto Brandenburg
1959/60	Otto Brandenburg
1960/61	Willi Schalenbach
1961/62	Köberle
1962/63	Dany Smit
1963/64	Dany Smit
1964/65	Dany Smit
1965/66	Dany Smit
1966/67	Xaver Unsinn
1967/68	Xaver Unsinn
1968/69	Herbert Ulrich
1969/70	Ondrej Bendik
1970/71	Jiri Hanzl
1971/72	Jiri Hanzl

Dany Smit förderte die Zwillingsbrüder Dieter und Detlef Langemann.

Xaver Unsinn trainierte gleichzeitig neben dem KEK auch Ligakontrahent Preußen Krefeld.

Bei der Eröffnungsveranstaltung am 12. Dezember 1936 hatte Eishockey mit HG Nürnberg und Altona 93 (2:0 für die Franken) Premiere. Bei der Großveranstaltung am 2. Februar 1941 im Eis- und Schwimmstadion gab es eine KEK-Aufstellung, die teilweise auch noch nach dem Krieg auf dem Eis stand. Verschiedene Namen wie Brandenburg, Giorlani, Frangenheim oder Kirschbaum wurden auch später in den Vorstand gewählt.

Der Krieg warf die Eishockeymannschaft stark zurück, und auch nach der Befreiung war durch die Zerstörung der Sportstätte an eine Aufnahme des Trainings- und Spielbetriebes nicht zu denken.

Erst in der Spielzeit 1947/48 nimmt der KEK wieder am Ligabetrieb teil. Eine Saison später belegt er in der Oberliga den 5. Platz. Hiernach folgt der Abstieg und es wird zumindest bis zur Saison 1954/55 still um die Puckjäger, die sich neu formieren. Aus dem Allgäu kamen Sepp und Theo Kleiner, Rudi Riederer, Werner Srb und Karlheinz Rasp, die in ihrem Heimatverein EV Füssen sportlich keine Chancen hatten und bei Ford einen sicheren Arbeitsplatz sahen. Ein Jahr später kehrten Otto Brandenburg und Rolf Koessler aus Krefeld zurück. In der Saison 1956/57 spielte der KEK wieder in der Oberliga. Die Teilnahme am Westseuropapokal ist Beiwerk.

Kölns erster Eishockeytrainer: Henry Schultz.

Als es den Nationalspieler Hans Werner Münstermann 1959 beruflich zum Eklöh-Konzern von Krefeld nach Köln verschlug und er sich auf Bitte des damaligen Abteilungsleiters Ludwig Osterkorn das KEK-Trikot überzog und ab 1966 im KEK-Vorstand einzog, setzte er Köln mit Trainer Herbert Ulrich wieder auf die Eishockeylandkarte. Der KEK war erstklassig. 1970 musste Münstermann wieder zurück in seine Heimatstadt Krefeld.

Nationalspieler Ulrich Eckstein beim Bully.

Auf die Pfeife von Trainer Ondrej Bendik hörten die KEK Spieler zwei Spielzeiten.

Mannschaftstransporte nach dem Krieg mit dem Firmen-LKW von NOVALUX.

Otto Brandenburg

Hans Werner Münstermann

Sie spielten auch im Nationaldreß

Ulli Eckstein

Anton Barczikowski

Sayffaerths großes Vorbild war das Sprungwunder in seiner Zeit: Richard Button.

Werner Sayffaerth zum Trainerlehrgang nach Moskau "

Nach eigenen Aussagen war Werner Sayffaerth zwölf Jahre lang als Läufer im Kölner Eis-Klub aktiv. 23 Jahre bildete er als Trainer in Köln Eiskunstläufer aus. Der in Nippes in der Auerstraße aufgewachsene Sayffaerth ist wahrscheinlich der größte KEK Kritiker. Sein konstruktives Hintergrundwissen ist auch in den Landesverbänden gefragt.

Neben dem eigenen Landesverband mit Sitz für Eiskunstlauf in Dortmund war Sayffaerth schon als Verbandsausbilder in Berlin und in Hessen tätig. Auch der heutige auf Honorarbasis tätige Verbandstrainer von Nordrhein-Westfalen, Stefan Brill, war im KEK Schüler von Sayffaerth. Als Gert-Walter Graebner 1976 in Bremerhaven Deutscher Meister wurde, errang Brill Platz 6.

Werner Sayffaerth mit drei seiner KEK Schüler im Sommertraining 2008 in Oberstdorf. Im Vordergrund Lisa Schrade mit ihrer Schwester Mona. Till-Felix Dehnen startet jetzt für die Düsseldorfer EG.

Aus dem Diplom-Sportlehrer hätte auch ein Eishockeyspieler werden können. Nur weil die Ausschreibungen für die Starterlaubnis vor den Deutschen Meisterschaften 1958 in München geändert wurden, blieb Sayffaerth dem Eiskunstlauf treu, er, der nie die Pflichtklasse 1 bestand und noch heute München so in Erinnerung hat: „Ich war der schlechteste Pflicht- und der beste Kürläufer." Den Eiskunstlaufsport bezeichnet Sayffaerth als kreativ.

In der alten Eishalle sah Sayffaerth in der großen Breitensportabteilung immer das Potential der Zukunft. Ging man mit ihm durch die Stadt, trug er gerne und mit stolz seine Klubjacke mit der Beflockung Kölner Eis-Klub. Der frühere Europameister Norbert Schramm wollte ihn nach Oberstdorf als Trainer locken. Aus NRW kamen die Talente zu ihm nach Köln: Karin Riederer aus Duisburg und Rudi Cerne aus Wanne-Eickel, der immer für den Herner EV startete.

Drei Jahre trainierte der jetzige ZDF-Moderator in Köln bevor er zu dem einstigen DDR-Meister Klaus Zöller nach Ludwigshafen wechselte. Welchen Anteil der Eiskunstlauflehrer aus Köln an der Vizeeuropameisterschaft 1984 von Cerne hatte, wurde nie ausgewertet.

Im KEK hat man Sayffaerth oft und lange den Vorwurf gemacht, er würde an nicht vorhandenen Vereinsstrukturen mitarbeiten. Der DEV und die DEU hatten Vertrauen zu dem Mann vom Rhein. Sie schickten ihn zu einem vom IOC veranstalteten Trainerlehrgang nach Moskau. Sayffaerth durfte mit seinen Schülern an den berühmten Schwerterwettbewerben in der DDR teilnehmen. Das geht nur über den Dachverband. Heute noch bildet Sayffaerth für die Stadt Düsseldorf Lehrer im Fach Eislauf aus.

Als der Deutsche Nachwuchsmeister von 2009 Till-Felix Dehnen Ende 2008 von Köln nach Düsseldorf wechselte, wollte sich Sayffaerth ganz aus dem eiskalten Trainergeschäft zurückziehen, bis in der Saison 2011/2012 ein Hilferuf aus Hessen kam. Jetzt fährt der 72-Jährige wieder tageweise nach Frankfurt und steht auf dem Eis.

Das Geschehen im KEK interessiert Sayffaerth noch immer. Bei ihm lässt sich sagen: „Einmal KEK – immer KEK."

In der Kölnarena 2.

„Auf Spurensuch".

"Ein Zehnpfennig-Stück in Gold"

Mit ihrer Vizemeisterschaft bei den Titelkämpfen 1969 in ihrer Heimatstadt Köln konnte Renate Zehnpfennig den letzten Glanzpunkt im Damen-Eiskunstlauf für den KEK setzen. Nur beim Festbankett im Gürzenichkeller kam bei der Leistungssportlerin keine rechte Stimmung auf, weil sich die damals 19-Jährige betrogen fühlte. Erst am Montag nach den Meisterschaften, beim Empfang im Rathaus mit dem damaligem Oberbürgermeister Theo Burauen, konnte „uns' Renate" wieder lachen.

Noch heute nach knapp 42 Jahren formuliert sie es am Telefon so: „Damals wurde noch mit der Hand gerechnet. Auf den Wertungsbogen gab es Radierungen." Jedenfalls hatte Renate Zehnpfennig sich für die Europameisterschaft in Garmisch-Partenkirchen qualifiziert. Bei diesen internationalen Titelkämpfen 1969, die Gabriele Seyfert (DDR) gewann, wurde die Kölner Läuferin 16. Die Deutsche Meisterin Eileen Zillmer vom Augsburger EV landete auf Rang 10. War die Rangfolge wieder hergestellt?

Als Trainerin des EC Wohlen stellte die frühere Eiskunstläuferin 2010 ein Schaulaufen aufs Eis, das von einer Radiosprecherin (r) moderiert wurde. Die Stimmung scheint bei beiden gut zu sein.

Die von Arno Simon eigens für die Kufenkünstlerin des KEK komponierte Kürmusik konnte archiviert werden. Sie beendete ihre sportliche Laufbahn.

Renate Zehnpfennig wurde am 13. Mai 1950 in Köln in der Moltkestraße geboren. Hier hatten die Eltern eine Eigentumswohnung, in der heute noch Schwester Katerina wohnt. Als der Gerling-Konzern in der Florastraße einen Wohnblock erstellte, sind die Zehnpfennigs nach Nippes gezogen, weil die Wohnung schöner, geräumiger und heller war. Es ist das Haus, in dem die KölnBäder GmbH ihre Webcam installierte, um im Internet den Baufortschritt der neuen Eishalle der Öffentlichkeit zu zeigen.

Renate hatte aber von nun täglich den Blick aufs Eisstadion und der Schlittschuhlaufwunsch wurde erst mit Leih-Schlittschuhen, die beim Stadionverleih fünf Mark kosteten, dann mit eigenen erfüllt. Renate Zehnpfennig erinnert sich jetzt noch etwas schamhaft: „Die waren braun". KEK-Trainer Hermann Braun hat sie beim öffentlichen Lauf entdeckt. Zwei Jahre später war sie Teilnehmerin bei den Landesmeisterschaften. Die braunen Schlittschuhe waren schon zu klein. Die Lokalpresse wurde 1961 erstmals auf Renate Zehnpfennig aufmerksam, als sie Landessiegerin bei den Neulingen wurde.

Gestelltes Pressefoto von Renate Zehnpfennig mit Gruß an ihren Trainer Hermann Braun, von dem sie begeistert redet. „Das war ein feiner Mensch." Das Bild ist wahrscheinlich von 1962.

Sie wollte aber mehr. An der Edith Stein Schule machte sie die Mittlere Reife, und danach war ihr Köln als Trainingsort nicht mehr gut genug. Sie ging 1965 nach Garmisch und wechselte zu dem prominenten Betreuer Erich Zeller (Kilius/Bäumler).

In Köln brauchte sie nur über die Innere Kanalstraße zu gehen und war bei ihrer Trainingsstätte und bei ihren Freunden, den Eishockeyspielern aus der Schüler- und Jugendmannschaft. Und manch ein Nachwuchsspieler musste sich von Mutter Adele laut anhören: „Loss mir uns' Renatche in Rau".

Im November 1970 hat Renate Zehnpfennig den Schweizer Rodolfo Leuthold geheiratet. Könnte also mit 70 schon Goldene Hochzeit feiern. Sie hat zwei erwachsene Kinder. Besitzt beide Staatsangehörigkeiten, darf also an Volksabstimmungen in der Schweiz teilnehmen. Lebt in Wohlenschwill bei Zürich. Sie freut sich über Telefongespräche aus der Heimat, nicht nur von ihrer Schwester.

Dem Eissport ist Frau Renate Leuthold geb. Zehnpfennig treu geblieben. In dem Alpenland hat sie die Trainerlizenz erworben und arbeitet mit viel Freude beim SC Wohlen, ein reiner Eiskunstlaufverein mit 180 Mitgliedern.

Der Blondschopf aus Köln (ist sie jetzt noch) hatte schon immer einen Drang zur Selbstdarstellung. Gleich beim ersten Kontakt meinte Renate: „Wir haben ein Haus in Südfrankreich und eine Wohnung im Schwarzwald" und fügt bezüglich ihres Trainerjobs an: „Das ist nicht meine oder unsere Existenz". Die Wohnung in der Florastraße 186 mit dem Blick aufs Eisstadion hat ihr Leben bestimmt, aber sie ist auch ein Familienmensch. 2012, wenn ihre Schwester 80 wird, will sie in ihre Geburtsstadt kommen.

Mit einem gesunden Hermann Braun wäre eine bessere Platzierung drin gewesen.

KEK im Zeichen der Olympischen Ringe "

KEK-Treffen bei den Olympischen Winterspielen von 1952 in Oslo. Gleich in vier Disziplinen gingen in dem Wintersportland Norwegen Sportler aus Köln an den Start, wobei sich keiner vorher reelle Chance ausrechnete. Nach dem Ausschluss von Deutschland bei den Spielen von 1948 in London und St. Moritz hatte das IOC für Oslo sogar eine Gesamtdeutsche Mannschaft vorgeschlagen, dies wurde aber von den ostdeutschen Offiziellen nicht angenommen. Die westdeutschen Sportler wurden in dem ehemals besetzten Norwegen freundlich empfangen.

Der Olympiasieg im Paarlauf von Ria Baran/Paul Falk aus Düsseldorf wurde erwartet, und viele im damaligen Deutschen Eissport-Verband mit Sitz in München wie auch im Rheinland glaubten fest daran, dass mit einem gesunden Hermann Braun mit seiner Partnerin Inge Minor mehr als der achte Platz drin gewesen wäre. Der Ehrenfelder laborierte während der Spiele an einer Angina und sein Meniskus machte ihm schon seit längerem zu schaffen. Der Abstand zur Bronzemedaille betrug nur 1, 733 Punkte.

Die im zweiten Jahr für den KEK startende Gundi Busch konnte ihren achten Platz als Aufbau ihrer internationalen Karriere werten. Vor allem war sie zwei Ränge besser als die Deutsche Meisterin Erika Kraft vom SC Riessersee. Zwei Jahre später wurde Gundi Busch auf gleichem Eis überraschend Weltmeisterin.

Für den Eisschnellläufer Theo Meding konnte Oslo nur das Motto bedeuten: „Dabei sein ist alles". Über 1.500 m wurde er 33. und über die 10.000 m Langstrecke 27.

Bei den Olympischen Winterspielen 1960 in Squaw Valley (USA) wurde die damalige Vizemeisterin der BRD Ursel Barkey 18. Die Kölner Eiskunstläuferin startete in einer Gesamtdeutschen Mannschaft.

Gert im Jahr 1978 in Unna bei seinen letzten Landesmeisterschaften.

"Zwischen Pflicht und Kür wurde geflippert!"

Deutscher Meister 1976: Gert-Walter Graebner

Wenn einer die Höhepunkte im Kölner Eis Klub aufzählt, stolpert er automatisch über den Namen Gert-Walter Graebner, den Deutschen Meister im Eiskunstlaufen von 1976, und da das ein Olympiajahr war, wurden die Titelkämpfe wegen der Terminenge wie bei der Deutschen Eislauf-Union üblich schon im Dezember 1975 in Bremerhaven ausgetragen. Der Sportler rechnet etwas schelmisch: „Ich war also Meister von 1975 bis 1977. Auf der Medaille war 1976 geprägt. Den Titel habe ich 1975 gewonnen und mein Nachfolger wurde erst 1977 bestimmt".

Der KEK sieht seinen letzten Meister als korrekt an. Auf den Mitgliederversammlungen wurde Graebner im Zweijahresrhythmus immer wieder zum Kassenprüfer gewählt, und er will die Aufgabe weiterführen, so lange kein Anderer sich für das Amt zur Verfügung stellt. Anerkennung findet der jetzt 53-Jährige: Seine Einrichtung eines Fördervereins war ein Erfolg, der dem KEK im Geschäftsjahr von Juli bis Juni immer in paar tausend Euro einbringt.

Graebner als Kassenprüfer auf der KEK-Mitgliederversammlung 2011 mit dem entscheidenden Satz: „Ich empfehle die Entlastung des Vorstands"

In seiner aktiven Zeit war „Gert", wie ihn alle zwischen den Banden nannten, der Schwiegermuttertyp. Nett und immer freundlich. In seiner Karriere hatte er zwei Trainer. „Bei Inge Minor konnte ich meine Mätzchen machen und das ging bei Werner Sayffaerth nicht. Der war nicht nur als Schleifer bekannt, das war einer." Bei dem Diplomsportlehrer trainierte er ab 1972. 1974 stand Graebner zum erstenmal auf dem Treppchen – als Dritter hinter Erich Reifschneider und Klaus Thiele. Der Titel 1976 bedeutete auch die Teilnahme an internationalen Meisterschaften im gleichen Jahr. Bei der EM in Genf wurde er 17. und bei der WM in Göteborg 19.

Inzwischen mit Abitur ausgestattet, trat der Architektensohn 1978 von der Wettkampfbühne ab. Er gehörte zu jenen Läufern, die ihre Grenzen kannten und nicht die Glitzerwelt der Revue suchten. Die Zeit mit Sayffaerth möchte der Mediziner nicht missen. „Er hat mein Leben geprägt und das nicht nur sportlich."

Vergessen sind die Falscheinschätzungen bei Wettbewerben in Augsburg und Budapest, wo der Vater von einem erwachsenen Zwillingspaar mit einem Straßen- und einem Schlittschuh auf dem Treppchen stand. Unvergessen auch bei Graebner die Viererbande aus Jungs mit Rudi Cerne, Uwe Platzek und Stefan Brill; „Wir haben uns so gut verstanden, dass Sayffaerth schon Angst hatte, wir wären schwul." Aber wir fanden es toll, wenn er während der Wettkämpfe oder Meisterschaften zwischen Pflicht und Kür mit uns Flippern oder Schach spielen ging.

Heute ist Graebner ein anerkannter Orthopäde und Sportmediziner in Köln. Was manche verblüfft: Er soll auch in Dubai zeitweise praktizieren.

Gert der Schwiegermuttertyp: immer nett und freundlich.

Großer KEK-Empfang für Gundi Busch am Kölner Dom.

Aushängeschild "

Eiskunstlauf-Weltmeisterin Gundi Busch

Für Gundi Busch schwärmte ganz Köln

Auf seiner Internetseite informiert der Kölner Eis-Klub noch im November 2011 mit dem Satz: „Seinen größten Erfolg feierte der Verein, als Gundi Busch 1954 in Oslo Weltmeisterin wurde." Bis zur Wiedervereinigung war Gundi Busch die einzige Damenweltmeisterin aus der Bundesrepublik. Für den KEK ist Gundi, für die einst ganz Köln schwärmte, heute noch ein Schatz.

Als 2009 in Anwesenheit des einstigen Weltstars ihre Biografie von Ruth Damwerth: „Mein eiskaltes Leben" in der Kölnarena 2 vorgestellt wurde, stand der KEK nach langer Zeit mal wieder im Blick. Von der Buchvorstellung sendeten die Fernsehanstalten und auch die Printmedien berichteten. Nicht alle Eltern der Nachwuchsläufer waren über die Aufzeichnungen des Idols aus Köln hocherfreut. Nicht nur wegen des Titels, sondern auch, weil gleich auf Seite 7 die drei Worte standen: „Ich hasse Schlittschuhe." „Nicht gerade motivierend für eine junge Läuferin" meinte Klaus-Peter Napp, der Vater der D-Kader Läuferin Nina vom KEK. Die Reisekosten für Gundi und Sohn Peter übernahm der KEK.

Ob hier Gundi Busch gedacht hat: „Beim KEK werde ich fürsorglich behandelt"?

Gundi Busch beim Schaulaufen 1954 in Köln.

Der KEK-Vorsitzende Karl-Friedrich Twelker nutzte die Gelegenheit, um dem KEK-Mitglied von 1951 bis 1954 die goldene Ehrennadel anzustecken und der Schwedin mal so richtig den Dom zu zeigen.

Für die Weltmeisterschaft schenkte ihr Ford ein Cabrio. „Das einzige wirklich wertvolle Geschenk in meiner gesamten Laufbahn", freut sich die jetzt 76-Jährige mit langem zeitlichem Abstand. Direktor bei Ford war damals KEK-Präsident Erhard Vitger. Da sie nach ihrer Weltmeisterschaft an keiner Olympiade mehr teilnahm, brauchte sie auf den Amateurstatus nicht zu achten, denn gleich nach ihren großen sportlichen Erfolgen ging sie für zwei Jahre zur Hollywood Ice Revue.

Die am 29. April 1935 in Mailand geborene Gundi Busch ist Tochter eines in Chemnitz geborenen und in Dresden aufgewachsenen Fabrikanten. Die Mutter war Österreicherin. Von Mailand zog es die Familie über Haarlem in den Niederlanden nach Garmisch-Partenkirchen und Gundi startete zunächst für den SC Riessersee, den sie 1951 verließ und nach Köln wechselte.

Warum ausgerechnet Köln und nicht Krefeld oder Düsseldorf? Diese Frage konnte nie eindeutig geklärt werden. Während die einen meinten, da hat Stadionverwalter Arthur Vollstedt dran gedreht, glaubten viele, der damalige Kunstlaufobmann und Erfinder des gleichnamigen Sprunges Werner Rittberger habe mit der Zuordnung von Gundi Busch Entwicklungshilfe für den KEK leisten wollen.

Gundi Busch bei der Probe der Hollywood Eisrevue. Zuschauend ihr Gatte Lulle Johansson in Detroit.

An ihre Zeit beim KEK erinnerte sie sich schon als Aktive gerne und meinte 2005 in einem Gespräch mit der Kölnischen Rundschau: „Beim KEK bin ich immer sehr fürsorglich behandelt worden", was auch ausschlaggebend für die Zusage war, in der Drittelpause bei einem Freundschaftsspiel des Deutschen Meisters Preußen Krefeld in Köln schauzulaufen.

Eine Veranstaltung, bei der bei Gundi Busch und dem schwedischen Eishockeyprofi „Lill-Lulle" Johannson der „Blitz einschlug". Als ein Pressefotograf die beiden Sportler um ein gemeinsames Foto bat, wurde der lange Eishockeyrecke ernst, setzte die Blonde mit Griff in die Taille auf die Bande und flüsterte ihr ins Ohr: „Dich will ich wiedersehen". 1956 heirateten sie und zogen nach Schweden.

In der Vorweihnachtszeit des Jahres 1953 war der Eiskunstlaufnachwuchs des KEK erstaunt, als überraschend Gundi Busch beim Klubtraining auftauchte.

Von links: Andrea Verdcheval, Siglinde Scheuer, Karin Breithecker, Jutta Vollstedt, Gundi Busch, Ingrid Michaelsen, Karin Meding, Jutta Geller, Marion Schmidt, Jürgen Weben, Werner Sayffaerth.

Während Kati Witt nicht nur während ihrer Laufbahn, sondern heute noch ihre Trainerin respektvoll mit „Frau Müller" anredet, bezeichnete Gundi Busch ihre Betreuerin Thea Frenssen immer als Tante Thea, die auch dafür sorgte, dass ihre Schülerin in Garmisch Ballettunterricht nahm.

Nach eigenen Erinnerungen verdankt sie nicht nur ihren guten Leistungen sondern auch ihrer Oma den Weltmeisterschaftstitel, die ihr eigens für die Titelkämpfe ein Kürkleid aus Wolle häkelte: „Während meine Konkurrentinnen in Palettenkleidern herumliefen, war ich warm eingepackt." Auch soll die Silbermedaillengewinnerin Tenley Albright aus den USA schon Strumpfhosen aus Seide getragen haben. Die von Gundi Busch waren aus Wolle. Während der WM-Tage war es in Norwegen bitterkalt. Die Konkurrenz fror in Oslo – Gundi nicht.

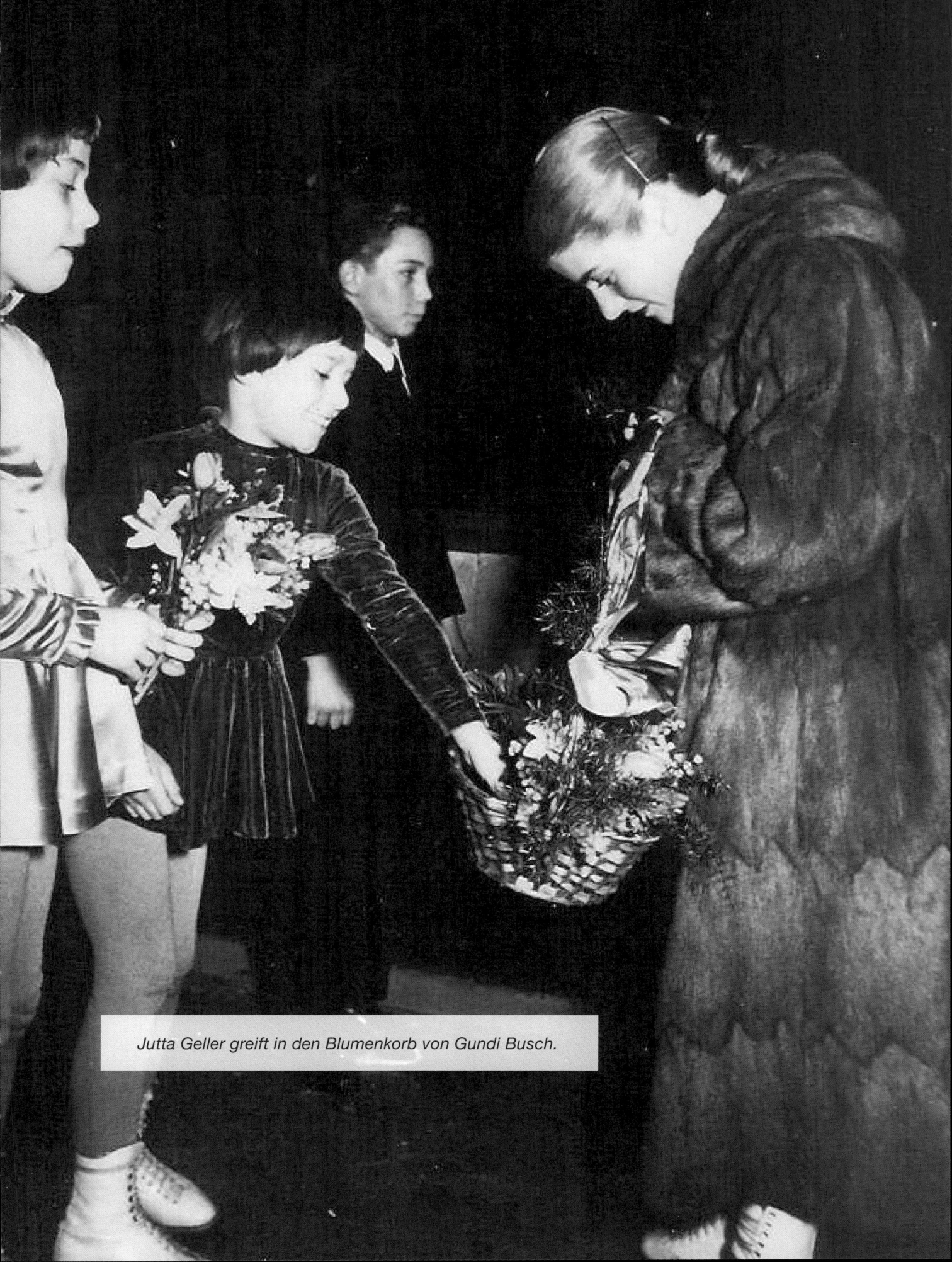

Jutta Geller greift in den Blumenkorb von Gundi Busch.

"

„Höchstes Eishockeyergebnis in Köln bei der WM 1955: 28:0 "

Die Eishockeyweltmeisterschaft 1955 war das erste Großereignis nach dem Krieg in Deutschland. Vom 25. Februar bis 6. März wurde in Krefeld, Dortmund, Düsseldorf und Köln um den Titel gespielt. Mit 14 teilnehmenden Nationen hatte die Eishockey-WM 1955 eine Rekordbeteiligung. Deutschland stellte eine A- und eine B-Mannschaft. In der A-Gruppe wurde das Gastgeberland Sechster.

Nachdem in Krefeld schon 1953 das Stadion überdacht und die Rheinlandhalle 11.000 Zuschauer aufnahm, musste Köln das damalige Fassungsvermögen im Lindeeisstadion von 7.500 auf knapp 10.000 erhöhen, um den Zuschlag als Austragungsort zu erhalten.

Stadionverwalter Artur Vollstedt schaffte das mit dem Bau einer überdachten Nottribüne aus Holz. Die Tribüne, wie man sie ähnlich bei den Karnevalsumzügen sieht, stand auf dem Boden der Stadiongaststätte im Erdgeschoss. Das kriegszerstörte Panoramarestaurant war abgetragen.

Auch wenn die Ergebnisliste in Wikipedia das Spiel der B-Gruppe zwischen Italien und Belgien dem Spielort Krefeld zuordnet: es war in Köln. Der spätere Gewinner der B-Gruppe, Italien, gewann 28:0 und es ist klar: zumindest in KEK–Zeiten gab es keinen höheren Sieg in der Domstadt.

Die Hauptbahn bei der Weltmeisterschaft mit Zusatztribüne.

Viele Fans in Köln denken heute noch an das Spitzenspiel Tschechoslowakei gegen Schweden zurück. Der spätere Bronzemedaillengewinner CSSR gewann bei strömendem Regen 6:5. Manfred Stiefenhöfer, der zur WM-Zeit mit einem KEK-Spieler im Agnesviertel in der Weißenburgerstraße in einem Mehrfamilienhaus wohnte: „Das Spiel hatte Qualität und Klasse."

Bei dem WM-Dritten stand kein geringerer als Jiri Hanzl im Tor. Als er in den 60er Jahren mit dem EC Deilinghofen zu Meisterschaftsspielen aus dem Sauerland an den Rhein kam oder in der Saison 1970/71 Trainer beim KEK wurde, kannte er bereits Köln durch die Weltmeisterschaft 1955. Nur hatte die Eisbahn jetzt ein Dach.

Aber nicht alle Begegnungen in Köln waren Zuschauermagneten. Für manche Spiele wurden in den Schulen Freikarten verteilt. Die Schulaktion hatte beim KEK in der Eishockeyabteilung allerdings keinen Mitgliederboom ausgelöst.

Das Endspiel in der Samt- und Seidenstadt bleibt vielen als Dramatikfinale in Erinnerung, weil die Kanadier mit dem 5:0 über die Russen die Schmach ihrer Niederlage ein Jahr zuvor bei der Weltmeisterschaft in Stockholm tilgen konnten. Auch unvergesslich dieses Weltmeisterschaftsspiel in Krefeld, als wenige Minuten vor Spielschuss in der Rheinlandhalle an der Westparkstraße der Strom ausfiel, aber dank hervorragender Techniker schnell wieder eingeschaltet werden konnte. Für die UdSSR war der Titel Europameister ein schwacher Trost.

REMEMBER NEUAUFBAU IN 1966/67 + AUFSTIEG 1969 IN DIE 1. BL

1. MANNSCHAFT K E K

	65/66	66/67	67/68	68/69	69/70	Name	Vorname	Spitzname
TOR:		x	x	x	x	HORKY	Dieter	
		x	x		x	HERBST	Wolf	„Lupus"
			x	x	x	ESSER	Dieter	
		x				KLEINER	Sepp	„Sabu"
VERT.:	J	x	x	x	x	LANGEMANN	Dieter	
		x	x	x	x	VIRNICH	Hans-Joachim	„Carnera"
		x	x	x	x	SCHWARZ	Manfred	„Blacky"
		x		x	x	BERGER	Helmut	„Molly"
		x	x			BÖHMER	Karl-Heinz	„Kalle"
		x	x			SCHERRA	Egon	
			x			HÜBBERS	Horst	„Hübbi"
		x	x	x	x	PETERS	Günter	
			x			MANSTETTEN	Rainer	
STURM:	J	x	x	x	x	LANGEMANN	Detlef	„Dela"
			x			SPEIRS	Gavin	
		x	x			MEYER	Jörg-Henning	„Pitt"
		x	x	x	x	WILLEMS	Helge	
		x	x			PESKE	Wolfgang	„Mecki"
		x	x	x	x	RUDEL	Ulrich	„Uli"
		x	x	x	x	FRANKEN	Thomas	
		x	x			NEUHAUSEN	Peter	
				x	x	SCHMITZ	Peter	
				x	x	ROSKI	Klaus	
		x	x	x	x	WEIß	Wilfried	
	J	J	J	x	x	DÖNGES	Hans Günter	„Bimbo"
		x	x			HAUGER	Horst	„Gino"
			x	x	x	FONK	Detlef	„Teddy"
	J	x				WEISE	Charlie	
	S	J	J	J	x	HOSPELT	Wim	
	J	J	J	J	x	REINARTZ	Dieter	
					x	PAWELCZYK	Marian	„Paul"
					x	STIEGER	Jürgen	
TR.ASS.+ SCHIRI:	J	x	x	x	x	ALTMANN	Paul	
ZEITN.:	x	x	x	x	x	RICHTER	Anton	„Toni"
M-ARZT:		x	x	x	x	HERVATIN Dr.	Milan	
TRAINER:	x					SMIT	Dany	
		x	x			UNSINN	Xaver	„Xari"
				x		ULRICH	Herbert	
					x	BENDIK	Ondrej	

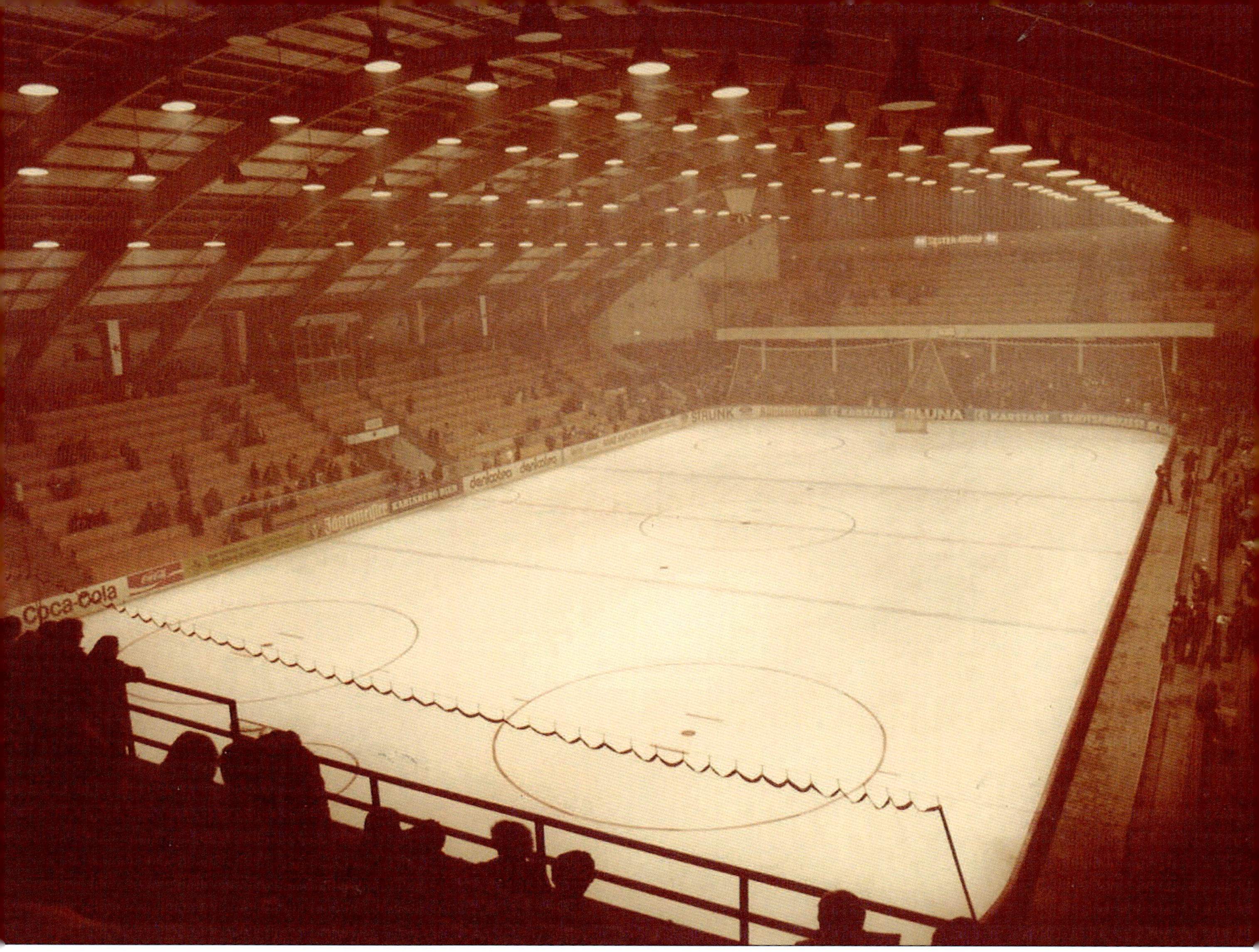
Coca-Cola
KARSTADT

Auf dem Foto der Jugendmannschaft von 1964 fehlt noch Wim Hospelt. Zählt man den Vater des aktuellen Nationalspiers Kai hinzu, sind zehn Spieler in das Seniorenteam hineingewachsen. Respekt vor der Nachwuchsarbeit von Trainer Dany Smit, der für die Spieler wie ein väterlicher Freund war. Auch Eishockey-Obmann und Präsident Ludwig Osterkorn begegnete man mit Respekt.

KEK-Spieler bis 1972

(diese Liste erhebt keinen Anspruch auf Vollständigkeit)

Barschikovski, Toni
Bednarek, Klaus
Berger, Helmut
Bindel, Werner
Blankenstein, Horst
Böhmer, Karl-Heinz
Brandenburg, Otto
Burmeister, Hans
Cissewski, Heinz
Daniels
Darscheidt Roland
Dederichs, Klaus
Dönges, Hans-Günter
Eckstein, Ulrich
Endlein, Rolf
Enkels, Heinz
Esch, Michael
Esser, Dieter
Fassbender
Fassbender, Rolf-Dieter
Fink, Hermann
Fischer
Flock, Walter
Fonk, Teddy
Fottner, Gert
Frangenheim, Hans
Franken, Thomas
Geiter, Eric
Gerhards, Leo
Giorlani, Viktor
Hammer, Peter
Harn, Rolf
Hauger, Horst
Heck, Hans

Heckelmann, Peter
Heyn, Werner
Hill, Manfred
Holter, Harry
Horky, Dieter
Hospelt, Walter
Hospelt, Wim
Hübbers, Horst
Huber, Ludwig
Jansen
Joa, Georg
Kleiner, Sepp
Kleiner, Theo
Koessler, Rolf
Kubik
Langemann, Detlef
Langemann, Dieter
Laudahn, Helmut
Laudahn, Helmut
Leeser, Werner
Leser
Manstetten, Rainer
Meyer, Jörg
Mögele, Helmut
Münstermann, Hans-Werner
Neuhausen, Peter
Orbanowski, Horst
Pawelczyk, Paul
Pelchrzim, Gernot von
Peltzer,
Peters, Günther
Pirot, Eugen
Ponzelar, Heinz
Potucek, Vladimir

Rasp, Karlheinz
Reif, Josef
Reinartz, Dieter
Richartz
Riederer, Rudi
Roski, Klaus
Rudel, Ulrich
Schalenbach, Willi
Schellhorn, Kai
Scherhag, Rolf
Scherra, Egon
Schmitz, Peter
Schröllkamp, Rolf
Schwarz, Manfred
Scotti, Alexander von
Speirs, Gavin
SpürcK, Otto
Stadié, Rolf
Stefan, Walter
Stieger, Jürgen
Strelow, Jürgen
Ulrich, Walter
Utsch, Wolfgang
Vacatco, Vladimir
Virnich, Jochen
Weber, Klaus
Weingarten, Josef
Weise, Charlie
Weiss, Wilfried
Werther, Erich
Westermann
Willems, Helge

Roland Darscheidt, den die Lokalpresse oft als „den Stier von Nippes" bezeichnete, ist im Radfahrtrikot beigesetzt worden. Nach dem sein Eishockeyschläger für immer in der Ecke stand, hat der Kartoffelhändler sich einer Radtouristikgruppe aus Bickendorf angeschlossen. Bei einer Fahrt durchs Bergische Land mit den „Törtels" erlitt Darscheidt einen Herzinfarkt.

Die Geschwister Angelika und Erich Buck aus Ravensburg retteten die Ehre der Deutschen Eislauf Union: Sie gewannen Silber im Eistanz.

„Sechs-Orgie 1973 bei Eiskunstlauf EM "

Mit der Eröffnung der Halle an der Lentstraße führte der KEK einen regelrechten Meisterschaftsmarathon aus. Nach zwei Landesmeisterschaften und den nationalen Titelkämpfen 1965 bekam der KEK nach der perfekten Organisation der Deutschen Meisterschaften 1969 mit Unterstützung des Landeseissportverbandes NRW die Zusage, die Europameisterschaften im Eiskunstlaufen 1973 durchzuführen. Der Landesverband war Ausrichter. Die Stadt Köln erteilte die Zusage, in der Halle eine farbfernsehgerechte Beleuchtung einzubauen.

Außerdem wollte die Sportstätten GmbH mit Heizdrähten unter den Sitzplätzen der Westtribüne der Halle ein wenig die Kälte wegnehmen. Doch die Investition von 200.000 Mark erwies sich als Flop, ebenso die Strahler, die Betriebsleiter Heinz Spieker daraufhin aufstellen ließ. Die Halle war während der EM ein Eiskeller, auch mit ein Grund, warum bei der Eröffnungsfeier keine Aktiven Spitzensportler auf dem Eis waren. Mitglieder des KEK trugen die Fahnen der teilnehmenden Länder, die besten Läufer des Klubs tanzten einen Reigen und die Kölner Ratsbläser spielten dazu. Es war Karnevalszeit in Köln.

Die „Sechs-Orgie" von Köln titelte die Kölnische Rundschau nach dem Paarlaufwettbewerb. Für das Sowjetpaar Irina Rodnina/ Alexander Saizew wurden bei 18 Wertungen zwölfmal 6,0 notiert. Sonst stand 5,9 auf der elektronischen Anzeigetafel. Ansonsten bilanzierte der Sport-Informations-Dienst sportlich eine schwache Meisterschaft. Den Fans hat es gefallen. Die Eistanzgeschwister Angelika und Erich Buck aus Ravensburg gewannen mit Silber die einzige Medaille für die Deutsche Eislauf Union in Köln. Schirmherr war Hans–Dietrich Genscher, Bundesminister des Innern.

Plakat zu den vom KEK durchgeführten internationalen Meisterschaften.

Entwurf: Ulla Horý

Marika Kilius / Hans-Jürgen Bäumler waren gern gesehene Schaulaufgäste in Köln.

Titelblatt der Klubzeitung: 2. Jahrgang - Heft 2 (196

Klubzeitung von 1960 bis 1963 "

Von 1960 bis Anfang 1963 brachte der Kölner Eis-Klub ein Magazin heraus, das der Verein selbst als Klubzeitung bezeichnete. Nach der Nullnummer 1960 soll der damalige Ehrenpräsident Erhard Vitger zu dem Initiator Karl–Friedrich Twelker gesagt haben: „So habe ich mir das vorgestellt". Aber es gab Ärger mit Sparten bei der Erstellung des Titelbildes, weil der Proporz der Sparten nicht stimmte.

Eishockey war zu sehr in die Ecke gedrängt, Eiskunstlauf zwei Mal abgebildet und der Eisschnellläufer zu groß.

Aus heutigem Blickwinkel kann die Klubzeitung als konservativ bezeichnet werden, wenngleich die Schriftleitung oft mutig war: Sie bezeichnete die Kunstläufer als „Kringeldreher", die Schnellläufer als „Windhunde" und die Eishockeyspieler als „Puckjäger", die wiederum dann die Eistänzer „Mumienballett" tauften.

Das Magazin war bei den Mitgliedern sehr beliebt, auch wenn die Fotos meist vorher schon in der Tagespresse erschienen waren. Die Druckklischees waren einfach zu teuer, um Fotos von Klubmeisterschaften oder Weihnachtsfeiern auf den Seiten im Schulheftformat abzudrucken.

Noch oder schon 1960 lobte der Präsident des Deutschen Eissportverbandes Herbert Kunze den KEK:

„Sehr geehrter Herr Vitger! Vielmals habe ich Ihnen für die Übersendung der neuen Klub-Zeitung des Kölner Eis Klub e.V. zu danken, die in ausgezeichneter Aufmachung den Klub-Mitgliedern ein gutes Bild über die im Eissport in all seinen Sparten auftretenden Fragen vermittelt.

Ich hoffe, dass diese neue Klub–Zeitung dazu beitragen wird, die Mitglieder des KEK näher zusammenzurücken und ferner mithilft, ihrem Klub im deutschen Eissport wieder eine führende Stelle zu verschaffen".

Heft Nr. 6 im Jahrgang 1961 galt gleichzeitig als Jubiläumsausgabe für 25 Jahre KEK, die bei Erstellung verschiedener Geschichten dieses Buches hilfreich war. Schriftleitung hatte insbesondere Dr. Kurt Geller, Helmut Koch, Karl-Friedrich Twelker und Jürgen Weber.

Aus Kostengründen wurde die Klubzeitung 1963 eingestellt, um die Portokosten für die Zustellung zu sparen. Viele Mitglieder waren traurig, dass sie fortan auf die interessante Rubrik „Eissplitter" verzichten mussten. Das Heft war informativ und lebendig.

Rechtsanwalt Bernd Schäfer III arbeitete den Trennungsvertrag aus.

„Eishockeyspieler wollen 1972 die Trennung"

Ob der direkte Wiederabstieg aus der Bundes- in die Oberliga 1970 den Frust in der Eishockeyabteilung auslöste, um einen eigenen Verein aufzubauen, ist müßig zu untersuchen. Auf jeden Fall reiften mit dem Fakt Abstieg die Überlegungen einer Verselbstständigung der Mannschaftssportart im KEK, wobei sich besonders Spielmacher Detlef Langemann, Torwart Dieter Horky und Verteidiger Günther Peters hervortaten. Viele Gespräche wurden in der Kellerbar des ersten KEC-Präsidenten Peter Rentergent geführt. Bei den Gesprächen in der Tieckstraße des Steuerberaters in Ehrenfeld nahmen schon der spätere KEC-Schatzmeister Dr. Udo Brühl und der damals 35-jährige Bernd Schäfer III teil, der irgendwann einmal für die Öffentlichkeitsarbeit sorgen sollte.

Im Frühjahr 1972 waren die Vorstellungen einer Abspaltung so weit gefestigt, dass Abteilungsleiter Josef Jansen im April eine Abteilungsversammlung einberufen musste, auf der die Abspaltung beschlossen wurde.

Am 10. August 1972 haben sich dann etwa 80 Interessierte in der Stadiongaststätte bei Georg und Lilo Simbeck getroffen, um einen neuen Klub zu gründen, den „Kölner Eishockey Club im Kölner Eis-Klub e.V."

Das Vereinsregister verlangte bei dem neuen Verein eine deutlichere Unterscheidung zwischen KEC und KEK, und so ranken sich die wildesten Geschichten um die Namenfindung „Die Haie".

Die Stadt Köln war über diesen Schritt nicht erfreut.

Der Trennungsvertrag mit dem KEK wurde vom Justitiar Bernd Schäfer III erarbeitet, der zu dieser Zeit noch seine Kanzlei auf der Neusser Straße zwischen Eberplatz und Agneskirche hatte, bevor er zum Heumarkt umzog. Laut Vorstandsbeschluss wurde der Vertrag, den nur wenige kennen, auf Seite des Jubiläumsklubs vom damaligen Eistanzobmann Karl-Friedrich Twelker unterschrieben, der jetzt noch manchmal den gemeinsam Zeiten nachtrauert und resümiert: „Laut Vertrag hätte die Zeit nach der Trennung harmonischer verlaufen können. Es war ein gemeinsamer Präsident vorgesehen und außerdem sollten wir uns gegenseitig bei den Vorstandssitzungen besuchen".

Zwischenzeitlich hat der KEC Stammverein seine Nabelschnur zum Mutterverein Kölner Eis-Klub endgültig durchtrennt. Im Vereinsregister wurde der Zusatz: „... im Kölner Eis-Klub" getilgt!

"

Neu im KEK "

Action auf dem Eis
Wiehler Sledge-Hockey-Spieler schließen sich dem KEK an

Weil Köln zentraler liegt, haben sich Teile der Sledge-Hockeymannschaft des TUS Wiehl dem Kölner Eis-Klub angeschlossen. So hofft Sebastian Kessler, Gründer der Gruppe im Bergischen Land, dass einige Neue dazukommen und erklärt, worum es beim Sledge-Hockey geht: „Bei uns müssen Oberkörper und Geist funktionsfähig sein." Beim Sledge-Hockey sitzt der Spieler auf einem individuell angepassten Schlitten, der bis zu 1.400 Euro kostet, ganz nah am Eis. Ein teurer Ausgleich für fehlende Beine oder Querschnittslähmung. Kesslers Ehefrau kontert jedoch: „Ein Rollstuhl für Behindertenbasketball ist teurer."

Das Feld, die Ausrüstung und die Spielregeln entsprechen denen des Eishockeys, nur dauert ein Drittel 15 statt 20 Minuten. Außerdem werden die Spiele der Deutschen Sledge-Eishockeyliga (DSL) nur von zwei Schiedsrichtern geleitet, obwohl es manchmal richtig zur Sache geht. Die DSL besteht aus sechs Teams. Nach derzeitigem Planungsstand will der KEK in der Saison 2012/13 ein eigenes Team für die Meisterschaft melden.

Nationaltorwart Manus Haltendorf sieht im Sledge-Hockey einen reellen Sport: „Hier zählen die Tore und es gibt keine Punktabzüge für den Grad der Behinderung wie etwa beim Basketball." Gemeint ist hier ein Klassifizierungssystem, das einen Ausgleich zwischen Spielern mit unterschiedlich starker Behinderung herstellt.

Curling
Schach auf dem Eis

Die Vielfalt des Eissports findet sich auch im Programm des in seiner 75. Jubiläumssaison befindlichen Kölner Eis-Klubs wieder. Seit November 2011 trainiert die neu gegründete Curlingabteilung des KEK im neuen Eisstadion im Lentpark. Schwung will auch der neue Abteilungsleiter Dr. Christoph Möckel in die Neucurler bringen.

Der Chefarzt der HNO-Station im St. Franziskus Hospital und gleichzeitig Anti-Doping-Beauftragter des Deutschen Curling Verbandes sucht für den KEK neue Mitglieder und hat für Interessenten die Möglichkeit kostenfreier Schnupperabende eingerichtet. „Von acht bis 80 ist jeder willkommen". Die Curlingabteilung übt immer dienstags um 20:30 Uhr auf zwei Bahnen.

Nationalspielerin Daniela Driendl trainiert beim KEK.

Die asiatischen Gene sind bei Mia Holtkott auf dem Eis mit ihrer Anmut zu erkennen.

"

„Was bringt die Zukunft?"

Sepp Schönmetzler, ehrenamtlicher KEK-Sportdirektor

Über die Zukunft des KEK habe ich mich mit dem Deutschen Meister im Eiskunstlauf Sepp Schönmetzler lange und ausführlich unterhalten. Der in Thüringen geborene Garmischer hat jahrelang das leider zwischenzeitlich eingestellte „Eissport-Magazin" herausgebracht. Dadurch war mir klar, dass er geradeaus schreiben kann. So kam es zu dem einzigen Fremdtext in diesem Buch. Nur ist der Deutsche Meister von 1965 (Titel in Köln geholt) leider nicht auf die Trainersituation eingegangen.
Der Autor

Die Kölner Eissportler haben vier lange Jahre mit großer Sehnsucht auf eine neue öffentlich nutzbare Eissportanlage gewartet. In dieser Zeit wurden viele km in andere Städte gefahren und viel Geld ausgegeben, ein Nottraining dort zu organisieren, wo immer etwas Trainingseis zu nutzen war. Die früheren KEK-Eiskunstläufer (z.B.: Till-Felix Dehnen, 1. Platz für die Düsseldorfer EG bei der Deutschen Nachwuchsmeisterschaft 2009, Kategorie „Jugend Jungen U17" und die Geschwister Mia und Daniel Holtkott, die beim Essener Ruhrcup 2011 im Oktober zweite Plätze für den Krefelder SC erreicht haben) sind in dieser Zeit notgedrungen in andere Vereine abgewandert, so dass der KEK wieder ganz am Anfang steht und fast bei Null wieder von vorne anfangen muss.

Die sportliche Basis für den Neuanfang sind junge Läuferinnen und Läufer wie z. B. Nina Napp und Margarethe Betz (beide im D-Kader des Landes Eissport-Verbandes NRW) oder Vivienne Neske und Felix Kellermann (beide im Bezirkskader) sowie ca. 300 Kinder, die ganz am Anfang stehen und vorwiegend im breitensportlichen Sinn gerademal Spaß am Eislauf- bzw. Eiskunstlaufsport gefunden haben. Dazu gehören natürlich auch die ca. 200 Erwachsenen, die den Eiskunstlauf als ihren „Lifetimesport" entdeckt haben. Der Neuanfang ist schwierig, aber gleichzeitig eine große Chance, die wir nutzen wollen. Wir, das ist ein letzter harter Kern von Kölner Eiskunstläufern sowie deren Familien und Trainern.

Am 7. Februar 2007 gründeten ein paar Kölner den Kölner Eissport und Skating Klub (KESK), weil man den Kölner Eiskunstlauf, der über viele Jahre vor sich hingedämmert hatte, nach dem Motto „Eiskunstlauf für alle Alters- und Leistungsklassen" mit neuen Impulsen endlich wieder voran bringen wollte. Wir gingen zuerst von einer Wartezeit von 1 Jahr, dann bald von 2 Jahren aus, geworden sind daraus 4 Jahre, in denen sich mangels einer brauchbaren Eissportanlage nichts systematisch aufbauen ließ. Wir nutzten die späten Abendzeiten in Düsseldorf-Benrath, die für Kinder und Jugendliche nicht geeignet waren, da sie nach einer unsicheren Trainingszeit von 30-40 Minuten Dauer und einer langen Rückfahrt zu spät ins Bett gekommen wären, um am nächsten Tag ausgeschlafen in die Schule zu gehen. Als die Fertigstellung der neuen Kölner Eissportanlage nahte, die den Namen „Lentpark" erhielt, wurde die Planung immer konkreter – und logischerweise trafen sich die Verantwortlichen der beiden Kölner Eiskunstlauf-Klubs nach und nach immer häufiger, da man im Grunde dieselben Ziele hatte, wenn auch die Wege zum Ziel vorerst unterschiedlich erschienen. Am Tag des Richtfests stellten Karl-Friedrich Twelker (1. Vorsitzender des KEK) und ich (1. Vorsitzender des KESK) fest, dass wir tatsächlich derselben Meinung waren, nämlich, dass es in jeder Beziehung viel besser wäre, wenn wir beide Vereine verschmelzen und dann die Zukunft gemeinsam gestalten würden. Man wollte auf jeden Fall vermeiden, dass Energie, die für den Wiederaufbau gebraucht wird, durch eine Konkurrenzsituation zwischen zwei Vereinen verloren geht. Bald darauf beschlossen beide Vorstände einstimmig eine Fusion, die möglichst bald vollzogen werden soll. Ab sofort begann eine Zusammenarbeit, die zwar nicht einfach, aber doch für alle immer gewinnbringender wurde. Nachdem wir schon zwei Winter in Benrath zusammen trainiert hatten, nutzten die Mitglieder beider Vereine bereits von Anfang an die Trainingszeiten in der wunderschönen neuen Eishalle, die in dieser Art weltweit wohl einmalig sein dürfte, gemeinsam.

Die Tochter von Abteilungsleiter Kurt Betz trainiert ebenfalls bei Anna Napp-Molinska und steht im D-Kader des Landesverbandes.

Dann galt es, sich einen Überblick über die Zahl der Eiskunstlaufinteressenten zu verschaffen. Es ging um Alter, Leistungsstufe, eventuelle leistungssportliche Ziele und inhaltliche Wünsche bezüglich des gemeinsamen Trainings und um die Einbeziehung geeigneten Personals, das bereit sein musste, auf allen Leistungs- und Altersstufen mit Interesse und entsprechender sportpraktischer Erfahrung mitzuarbeiten.

Für die Profis unter den Trainern ist dies eine Chance, einen systematisch aufgebauten Sportbetrieb zum eigenen Berufsfeld zu machen, von dem man irgendwann vielleicht einmal die Familie ernähren kann. Für die Nachwuchstrainer, die früher Übungsleiter genannt wurden, heute aber von Anfang den motivierenden Titel „Trainer" schon beim Einstieg und ohne weitere Berufserfahrung tragen dürfen, ist dies eine noch größere Chance, unter der Anleitung und der Kontrolle von erfahrenen Vollprofis in diesen nicht einfachen, dafür aber umso schöneren Beruf hineinwachsen zu können.

Vom ersten Tag an strömten an den Vereinstagen alte und neue Interessenten in die Halle, und jeden Tag kommen neue dazu, die den Sportbetrieb von der Hochbahn oder der Gastronomie aus beobachtet haben.

In Arbeit ist der für jeden systematischen Ansatz unentbehrliche Schuleislauf, und als Voraussetzung dafür die Lehreraus- und -fortbildung, bei der die breite Masse der Lehrer aller Schulformen für den Eissport begeistert werden soll. Gelingt dies, werden diese Lehrer in Schulkonferenzen für den Wandertag in den „Lentpark" und vielleicht sogar für eine fortführende Schuleislauf-Ausbildung in Form von z. B. Workshops im Rahmen der Ganztagsschule stimmen, denn für jedes Kind ist das Eislaufen nach dem überlebenswichtigen Schwimmen und der unentbehrlichen körperlichen Grundausbildung beim Kinderturnen eine außerordentlich sinnvolle koordinative Bereicherung. Jedes Kind, das sich auf den Schlittschuhen halten kann, wird sich im Alter sicherer bewegen können und nicht so oft wie der unsportliche Normalmensch von der Treppe herunterfallen.

Es wird also unser vorrangiges Ziel sein, möglichst viele Kinder aus der Region in den „Lentpark" zum Eislaufen zu holen und sie auszubilden. Dabei geht es erst einmal nur um eine allgemeine Eislauf-Grundausbildung, die man später in der Freizeit als „Lifetimesport" mit Freunden oder Familie nutzen kann. In allen Städten und in allen gesellschaftlichen Bereichen gibt es Talente. Neben der sportlichen Grundausbildung muss ein Verein talentierten Kindern, deren Familien bereit sind, sich ihren Möglichkeiten entsprechend mehr einzubringen, dann auch eine Chance geben, in diesem Fall den Eiskunstlauf- oder den Eisschnelllaufsport in einer leistungsorientierten Form zu erlernen. Wenn ich auch mittlerweile dem kompromisslosen Höchstleistungssport mit Misstrauen begegne, so bin ich doch der Meinung, dass der systematisch und verantwortungsvoll vermittelte Leistungssport eine persönlichkeitsfördernde Wirkung hat und nicht nur das Leben sehr junger Menschen auf wunderbare Art bereichern kann. Voraussetzung ist die Beschäftigung von erfahrenem Fachpersonal, dass seiner Verantwortung auf eindeutige Art und Weise nachkommt, was gesetzwidrige leistungsunterstützende Methoden wie das Doping selbstverständlich ganz und gar ausschließt.

D-Kaderläuferin Nina Napp mit Trainermutter Anna Napp-Molinska.

Ein Eissportverein darf weder eine Kinderaufbewahrungsanstalt noch ein reines Dienstleistungsunternehmen sein, sondern ein auf demokratischer Basis aufgebauter gemeinschaftlich organisierter Sportbetrieb, in dem unsere demokratischen Spielregeln umgesetzt werden. Dies kann aber nicht heißen, dass sportfachliche Entscheidungen gemeinschaftlich getroffen werden, denn dafür sind die Profis da, die wiederum vom demokratisch gewählten Vorstand eingesetzt werden.

Unser Sport hat sich in den letzten Jahrzehnten rasant entwickelt. Die Leistungsträger kommen mittlerweile immer häufiger aus Asien und die internationalen Großereignisse finden immer häufiger dort statt. Die ehemaligen Sportorganisationen ‚leiden' heute auch immer mehr unter den Folgen einer freien Marktwirtschaft, die von den Sportlern immer mehr Eigeninitiative fordert. Eiskunstlauf hat schon immer künstlerisch begabte junge Menschen angezogen.

Daniel und Mia Holtkott starten für den SC Krefeld, sollen aber nach Aussagen ihrer Eltern weg aus der Seidenstadt.

Der heutige hochanspruchsvolle Leistungssport Eiskunstlaufsport erweist sich immer mehr als Kampf der Gesellschaftssysteme. Asiatische Erziehung stellt das Individuum hinter die Gemeinschaft, entsprechend sind die Methoden, mit denen die Sportler erzogen und ausgebildet werden. Widerspruch, der bei uns dazu gehört, ist dort - noch - undenkbar. Das alles könnte uns kalt lassen, wenn daraus nicht ein aus unserer Sicht völlig verbogener Maßstab entstehen würde. Unsere Sportler müssen sich nach dem Ende der sportlich so erfolgreichen ‚DDR' heute an den damaligen Erfolgen messen lassen, was angesichts der gesetzwidrigen Methoden völlig indiskutabel sein müsste.

Nationen wie die ‚DDR' haben ihren Spitzensportlern mit dem Doping langfristig gesehen einen sehr schlechten Dienst erwiesen, weil deren tatsächlich erbrachte, großartige Leistungen und damit die gesamte Lebensleistung nun auf Dauer in Frage gestellt werden. Für uns muss das aber heißen, dass wir und damit die gesamte Gesellschaft von unseren Kindern keine Leistungen erwarten, die man unter unfairen Voraussetzungen errungen hat.

Diese Grundgedanken sollen den Sportbetrieb im Kölner Eis-Klub (KEK) bestimmen. Wer leistungsbereit ist, soll die unentbehrliche Hilfe dafür bekommen, die ein funktionierender Verein geben kann.

Darüber hinaus wird es Sache der Familien sein, mit erheblichen Mehraufwendungen den Leistungssport ihrer Kinder zu ermöglichen. Ein Traum wäre, wenn der KEK aus so vielen Mitgliedern bestünde, dass man auch Kindern und Jugendlichen aus sozial schwächeren Familien bei der Verwirklichung eines hoch stehenden leistungssportlichen Zieles helfen könnte.

Köln ist eine Millionenstadt. Bei einer guten Organisation und einem fachlich entsprechend guten und vor allem zeitgemäßen Sportangebot müssten innerhalb einiger Jahre zahlreiche Talente den Weg in den KEK finden. Bereits in der ersten Stunde teilen qualifizierte Fachkräfte die Kinder nach Talentkriterien, zu denen nicht nur die geeignete körperliche, sondern auch die psychische Eignung gehören, in dazu passende Trainingsgruppen ein. Dies fördert die Leistungsbereitschaft und sorgt für Spaß, der aus einem guten Verhältnis von ‚Aufwand und Ertrag' entsteht. Kinder, die sich körperlich oder mental in eine andere Richtung entwickeln, um nicht Eiskunstläufer, sondern Eisschnellläufer oder Eishockeyspieler zu werden, sollen dies auch tun können. Es wäre schön, wenn sich umgekehrt andere Vereine ebenfalls zu einer solchen Handhabung durchringen könnten.

Eiskunstlauf hat schon immer künstlerisch begabte junge Menschen angezogen. Es bietet sich also an, die Zusammenarbeit mit Tanz- und Musikschulen und den gestaltenden Medien zu suchen. So laufen derzeit Verhandlungen mit der Deutschen Sporthochschule Köln (DSHS), mit der man nicht nur im Rahmen eines wiederbelebten Lehrgebietes Eislauf, sondern auch auf dem Gebiet des „Elementaren Tanzes" und vielen anderen Gebieten zusammenarbeiten könnte. Wenn das alles gelingt, könnte man vielen Kindern und Jugendlichen mit dem Sport auch noch andere Werte vermitteln, die das Leben auch von Nicht-Leistungssportlern bereichern können.

Wir sind fast alle glücklich, in diesem unglaublich schönen „Lentpark" eine neue sportliche Heimat gefunden zu haben. Gleichzeitig ist den Fachleuten bewusst, dass die für einen normalen, breitensportorientierten Vereinsbetrieb zwar recht gut bemessenen Trainingszeiten einen erfolgreichen modernen Hochleistungssport nicht ermöglichen. Aber wir können unseren Talenten den Einstieg erleichtern und dann mit ihnen und ihren Familien zusammen weitere Wege suchen.

Jessica Hujsl, die einzige Meisterklassenläuferin des KEK.

Wenn das gelingt, werden wir in ein paar Jahren bei den Nachwuchswettbewerben nach langer Zeit wieder häufiger vordere Plätze belegen, und man wird dem Kölner Eissport wie in den Zeiten eines Deutschen Eiskunstlaufmeisters Gert Graebner und vieler anderer wie zum Beispiel einer Jutta Geller oder Renate Zehnpfennig wieder mit mehr Respekt begegnen. Ich hoffe, dass wir alle Ehemaligen wieder in irgendeiner Weise reaktivieren können, damit wir mit viel Begeisterung auf einer möglichst breiten Basis handeln können.

Die Eisschnellläufer haben vier Jahre lang gehofft, auf der neuen Hochbahn trainieren zu dürfen. Die Nachricht, dass dies nicht möglich sein wird, weil Eisschnelllaufschlittschuhe auf der nur für den Volkssport bestimmten Hochbahn nicht laufen dürfen, hat sie verständlicherweise geschockt. Wir hoffen jedoch, dass sich nach der Bewältigung der Anfangsprobleme in ein paar Monaten Stunden herauskristallisieren werden, in denen wenig oder gar kein Interesse der Öffentlichkeit besteht und eine andere Nutzung grundsätzlich möglich sein wird. Ich bin sicher, dass wir bei guter Aufbauarbeit eine breite Unterstützung der am Sport interessierten Kölner Entscheidungsträger bekommen werden.

Und ich zähle auf das sportfachliche Verständnis der Betreiber des „Lentparks", die nach der erfolgreichen Installation dieser großartigen Anlage das Ziel haben werden, alles, was möglich und sinnvoll ist, auch umzusetzen, damit die Stadtväter und die Steuerzahler eine Bestätigung für diese große Investition bekommen.

Ich freue mich, dass ich einen wichtigen Teil dazu beitragen kann und hoffe, dass Gesundheit und positive Schaffenskraft als Voraussetzung lange anhalten werden. Machen Sie alle mit, und wir werden in einer weltweit einmaligen Sportanlage auch etwas sportlich Einmaliges schaffen.

EISKUNSTLAUFEN

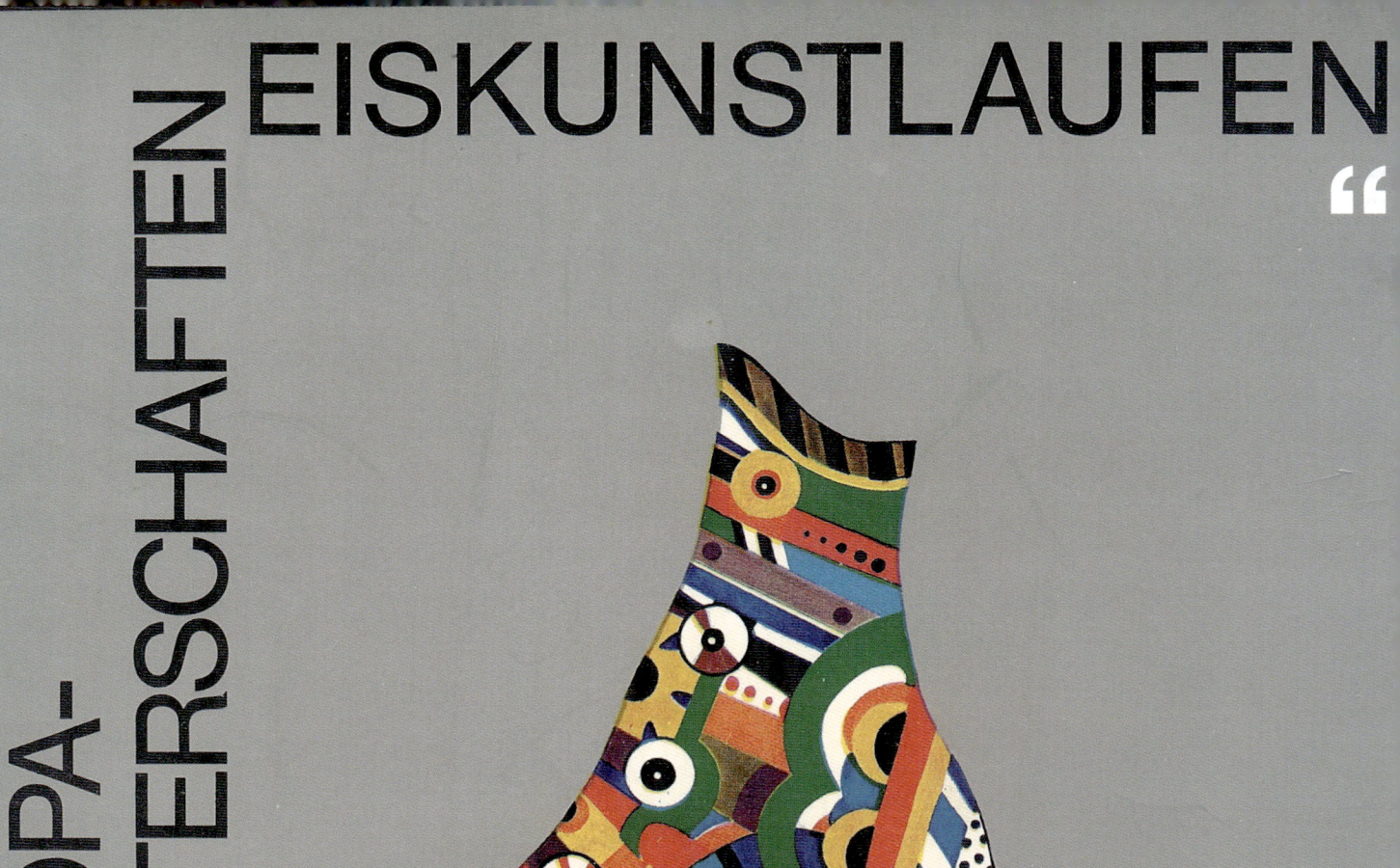

EUROPA-MEISTERSCHAFTEN

VOM 6.-11. FEBR. 1973

EISSTADION KÖLN

„Glückwünsche verdienter KEK Mitglieder "

Glückwunsch von Werner Sayffaerth

Der Kölner Eis-Klub hat Geburtstag, er wird 75 Jahre alt. Zwölf Jahre als Aktiver und 23 Jahre als Trainer war ich ein Teil dieser Klubzeit. Daher von mir zu diesem Ereignis ganz herzliche Glückwünsche. Viele sportliche Erfolge Kölner Läufer, vom Deutschen Jugendmeister, Nachwuchs- oder Juniorensieger bis hin zum Deutschen Meister oder gar Weltmeisterin haben den KEK weit über die Stadtgrenzen bekannt gemacht.

Aber auch der Breitensport kam in den sportlich erfolgreichen Jahren nie zu kurz. Ich denke hierbei besonders an die jährlichen Weihnachtsaufführungen, gemeinsam eingeübt und dargeboten von Breiten- und Leistungssportlern.

Der Rektor der Deutschen Sporthochschule, Prof. Carl Diem, vertrat das Prinzip der Vorbildfunktion von Leistungsträgern einer Sportart für deren Breitensport. Es besteht also eine Wechselwirkung beider Gruppen.

Möge es den Trainern auch zukünftig gelingen, aus dem Breitensport talentierte Läufer zu sichten, zu fördern und zu erfolgreichen Läufern auszubilden, damit der Name Kölner Eis-Klub seinen guten Ruf auch im Sinne und Anspruch der Sportstadt Köln behält.

Mit sportlichem Gruß
Werner Sayffaerth

Glückwunsch von Roland Herres

75 Jahre KEK und endlich wieder in der Lentstraße

75 Jahre wird der Kölner Eis-Klub alt oder jung und ich gratuliere ganz herzlich zu diesem Jubiläum. Das Jubiläum eines Vereins, der mir viele Jahre eine Heimat für den Eissport gegeben hat. Möge mit dem neuen Start im Lentpark das fortgeführt werden, was sich über Jahrzehnte erfolgreich etabliert hat: eine zentrale Anlaufstelle in Köln für den Eislaufsport, für Kinder und Erwachsene, die sich mit Spaß und Freude unabhängig von Motivation und Herkunft ungestört dem Vergnügen und den verschiedenen Facetten des Eissports widmen können.
Hierfür danke ich allen ehrenamtlich oder professionell arbeitenden Menschen im KEK, die ihr Engagement für die Sache eingesetzt haben und es zukünftig einsetzen werden.

Roland Herres

Glückwunsch von Detlef Langemann

Ich selbst habe als gebürtiger Kölner in 50 Jahren mit dem KEK und dem KEC (zwei Mal Deutscher Meister) viele sportliche Höhepunkte, aber auch schmerzhafte Niederlagen erlebt.
Dem KEK und KEC habe ich viel an Lebenserfahrung zu verdanken, es war eine wunderbare Zeit in meinem Leben.
Dem Autor Willi Harn gratuliere ich zu seinem Werk und wünsche ihm und dem KEK weiterhin eine gute und erfolgreiche Zeit.

Nette Grüße
Detlef Langemann

Verbandstrainer Stefan Brill aus Köln.

Vereins-ABC „

Aduchtstraße — Hier wohnte die Familie Meding mit ihren Eissport treibenden Kindern Theo, Gertrud, Christel und Karin, die noch im Herbst 2011 meint: „Unsere Eltern hatten uns immer im Blick".

Brill, Stefan — Auf Honorarbasis arbeitender Verbandstrainer beim NRW-Landesverband, der als Eiskunstläufer beim KEK groß geworden ist.

Cerne, Rudi — Vizeeuropameister 1984; trainierte drei Jahre lang beim KEK bevor er nach Ludwigshafen zu Klaus Zöller wechselte. Karl-Friedrich Twelker erinnert sich heute noch: „Den Rudi haben wir toll gefördert" (siehe auch XY).

Dönges, Hans-Günter — Eishockeyspieler im KEK; hatte den Spitznamen „Bimbo".

Endlein, Rolf — Früherer Außenstürmer im KEK; lebt heute in der Eifel.

Ford-Werke   Die Uhr im Linde-Eisstadion trug den Werbeschriftzug von Ford.

Goldenes Buch   Die Vereinsgeschichte: In Leder gebunden und in Kunstschrift gehalten wurde es dem KEK in den 70er Jahren gestohlen. Die Hoffnung, dass sich das Buch irgenwann mal wiederfindet hat sich nicht erfüllt. Die mit Schreibmaschine geschriebene chronologische Vereinshistorie ist noch erhalten.

Herres, Roland   Deutscher Juniorenmeister 1988 im Eistanz in Unna. Seine Partnerin war Barbara Lieberwein. Herres arbeitet heute als Eistanztrainer im KEK.

Internetadresse KEK   HYPERLINK: „http://www.KEK-Koeln.de" www.KEK-Koeln.de.

Jubiläumsfeiern Sein 25 jähriges Bestehen feierte der KEK im „Großen Saal der Börse" und das Goldene im Stadionrestaurant.

Klein, Paul Mehrfacher Mannschaftsmeister im Eisstaffellauf.

Lachs-Penkova, Sofia Olympiateilnehmerin für Bulgarien 1998 in Nagano; arbeitet als Trainerin im KEK.

Manstetten, Rainer Der ehemalige KEK-Verteidiger, der mit seinen langen Armen einen großen Aktionsradius hatte, ist der wahre Entdecker der Zwillingsbrüder Dieter und Detlef Langemann. Vom zugefrorenen Weiher im Blücher Park brachte er sie zum Probetraining mit.

Napp-Molinska, Anna Trainerin der D-Kaderläufer des KEK Nina Napp und Margarete Betz.

Navarre de, Isabel Deutsche Meisterin von 1975 aus Bad Tölz ist Trainerkoordinatorin im KEK.

Oberliga

Die Gruppe, in der der KEK bis 1972 meistens spielte.

Peters, Karl-Heinz

Webmaster der KEK-Internetseite.

Qualifikationswettbewerbe

Heißen heute Ausscheidungslaufen. In der Saison 2011/12 konnte sich kein KEK-Sportler für die Deutschen Nachwuchs-Meisterschaften (DNM) qualifizieren.

Rasp, Karlheinz

Stämmiger Eishockeyspieler, der auch Jugendobmann war.

Schwarz, Hans

Weil er unter Werner Rittberger trainierte, holte er seinen Paarlauftitel mit Marlies Schroer für Krefeld. An der Sporthochschule war Schwarz Lehrbeauftragter für das Fach Eislauf. Bei Ford baute er die Freizeit-Organisation auf, und beim ZDF war er knapp zehn Jahre lang Co Moderator von Werner Schneider.

Tennis

Wurde beim KEK auch gespielt. Anfang der 50er Jahre hatte der Verein Plätze in Worringen angemietet.

Ulonska, Klaus

Präsident des KEK seit 35 Jahren; wird nicht von der Mitgliederversammlung gewählt, sondern lt. Satzung vom Vorstand eingesetzt. Der Präsident muss ein einflussreicher Bürger Kölns sein.

Vereinsgröße

Ende Januar 2012 zählte der KEK über 700 Mitglieder. So groß war er noch nie!

Wendland, Franz

Ehemaliger Geschäftsführer der Kölner Sportstätten GmbH; Ehrenmitglied beim Kölner Eis-Klub.

XY Ungelöst

Moderiert von Rudi Cerne. Seine Heimatstadt Wanne-Eickel wirbt mit ihrem Sohn so: „Vom Eis-Star zum TV-Fahnder".

Zubkova, Galina

Trainerin der Leistungs- und Fördergruppe. Sie stammt aus Moskau

Neuer Stern am Eiskunstlaufhimmel: Nargiz Suleymanova. Die siebenjährige ist die Einzige die in der Jubiläumssaison einen Wettbewerb gewonnen hat. Beim Waldstadtpokal in Iserlohn gewann sie bei den Eisläufern.

Eiskunstlaufimpression von Klaus Bala.

Mein Dank gilt Marga Wahler, der Witwe des Pressefotografen Claus Wahler, die mir die Rechte seiner Bilder im Eissport gab. Außerdem möchte ich mich bei Christa Grätz für ihre tatkräftige Unterstützung bedanken, wie auch bei dem 1. Vorsitzenden des KEK Karl-Friedrich Twelker.

Willi Harn

Bibliografische Information der Deutschen Nationalbibliothek
Die Deutsche Nationalbibliothek verzeichnet diese Publikation in der Deutschen Nationalbibliografie; detaillierte bibliografische Daten sind im Internet über <http://dnb.d-nb.de> abrufbar.

Harn, Willi
75 Jahre Kölner Eis-Klub e. V.
KEK: Die Mutter des Kölner Eissports
Köln: Sportverlag Strauß - 1. Aufl. 2012
ISBN 978-3-86884-007-0

Inserenten: Hotel Madison

Redaktionsschluss: 25. November 2011

Umschlagfotos: KölnBäder GmbH; Bildarchiv KEK; Privatsammlung Sayffaerth.

Fotonachweis: Klaus Bala, Sepp Schönmetzler, Pressefoto Claus Wahler († 2004), Bildarchiv-KEK, Privatsammlungen Werner Sayffaerth, Jürgen Weber, Privatarchiv Jutta Münchmeyer (geb. Vollstedt), Gert König

Design, Satz & Layout:
Matthias Grätz | Media Design
Mobil.: 0178 / 25 50 260
e-Mail: dezZ@gmx.net

Herstellung: bonndruck GmbH, Bonn

© SPORTVERLAG Strauß
Olympiaweg 1 - 50933 Köln
Tel. (02 21) 846 75 76
Fax (02 21) 846 75 77
e-Mail: info@sportverlag-strauss.de
http://www.sportverlag-strauss.de

Alle Rechte, insbesondere das Recht der Vervielfältigung und Verbreitung sowie der Übersetzung, vorbehalten. Kein Teil des Werkes darf in irgendeiner Form (durch Fotokopie, Mikrofilm oder ein anderes Verfahren) ohne schriftliche Genehmigung des Verlages reproduziert oder unter Verwendung elektronischer Systeme gespeichert, verarbeitet, vervielfältigt oder verbreitet werden.